CÓMO LEER A TU AUDIENCIA

CÓMO LEER A TU AUDIENCIA

Navega cualquier situación, lidera con confianza y crea un impacto en el trabajo

DR. MIKE BECHTLE

CÓMO LEER A TU AUDIENCIA

Navega cualquier situación, lidera con confianza y crea un impacto en el trabajo

Publicado originalmente en inglés en 2024 bajo el título
HOW TO READ A ROOM
Navigate Any Situation, Lead with Confidence and Create an Impact at Work
por Revell, una división de Baker Publishing Group
Grand Rapids, Michigan

Traducción al español por:
Belmonte Traductores
www.belmontetraductores.com
Editado por Henry Tejada Portales

ISBN: 979-8-88769-475-7
eBook ISBN: 979-8-88769-476-4

Impreso en los Estados Unidos de América

Whitaker House
1030 Hunt Valley Circle
New Kensington, PA 15068
www.espanolwh.com

Por favor, envíe sugerencias sobre este libro a: comentarios@whitakerhouse.com.

1 2 3 4 5 6 7 8 9 10 11 **w** 32 31 30 29 28 27 26 25

A Kezia
Cuando entras a cualquier lugar
lo haces brillar.
¡Nadie ilumina la sala
como tú!

CONTENIDO

INTRODUCCIÓN

Me sorprende que no me despidieran.

Después del posgrado conseguí mi primer empleo "real": enseñar en una pequeña universidad en Arizona. Conocía bien la materia, pero no tenía mucha experiencia en el salón de clase. Pensé que podría simplemente pararme al frente y decirles lo que sabía. Mi trabajo era enseñar, y el de ellos era aprender. Si no aprendían, sus calificaciones reflejarían su falta de esfuerzo. Era su problema, no el mío.

Cada vez que entraba al salón de clase intentaba "leer a mi audiencia". Siempre veía dos grupos de estudiantes. Un grupo ya estaba entusiasmado con el tema y ansioso por aprender. Hacían que mi trabajo fuera divertido porque llevaban su entusiasmo y energía al salón de clase todos los días. Probablemente habrían aprendido la materia aunque yo no hubiera aparecido por allí.

Luego veía al otro grupo: aquellos que eran indiferentes al tema pero necesitaban aprobar para graduarse. Hacían que mi trabajo fuera desafiante porque cada clase parecía una demora inevitable en su día. Estaban comprometidos a hacer la menor cantidad de trabajo posible para aprobar, suponiendo que nunca usarían esa asignatura en el mundo real.

En mis primeros años de enseñanza me concentraba en el primer grupo. Pensaba que mi energía debía ir dirigida a quienes hacían el esfuerzo. A los otros, por lo general, los ignoraba, creyendo que no les importaba y que no les iría bien en la clase.

Entonces tuve un cambio de paradigma y aprendí a leer a mi audiencia de otra manera.

Ocurrió durante una conversación informal con unos amigos una noche en la cena. Comenzamos a conversar sobre los mejores y peores maestros que tuvimos en la escuela. Todos coincidimos en que los peores maestros eran a quienes no les importaba si aprendíamos o no lo que estaban enseñando. Eran simplemente expertos que esperaban que escucháramos, tomáramos notas y memorizáramos los detalles del tema. Todo su enfoque estaba en el contenido, no en nosotros.

Los mejores maestros eran aquellos que estaban tan apasionados por el tema que irradiaban entusiasmo. Sabían que si conseguíamos entender lo mucho que nos serviría ese conocimiento, eso sería contagioso y estaríamos motivados a aprender por cuenta propia. Se interesaban profundamente por todos sus alumnos, y creían que su papel era ser un catalizador, no un dictador. Prendían la chispa, y nosotros nos prendíamos fuego.

Anteriormente yo había seguido la manera habitual de entrar y leer a una audiencia: mirar alrededor, hacer suposiciones sobre lo que está sucediendo, creer esas suposiciones, y arreglármelas por mi cuenta. No intentaba marcar una diferencia en el ambiente; me preocupaba principalmente por mí mismo. Necesitaba sobrevivir y sentirme bien en ese entorno.

Durante esa cena me di cuenta de que no estaba en ese salón de clase para mí mismo. Estaba allí por otras personas: por todos ellos. Necesitaba lentes diferentes para leer ese ambiente. Claro que quería sentirme cómodo, pero también quería tener la seguridad de que podía marcar una diferencia. Para eso estaba allí; no solo para que los estudiantes me vieran como un buen profesor, sino también para que se convirtieran en mejores personas porque pasamos tiempo juntos.

Desde ese momento me apasioné por leer a mi audiencia para poder influir en las vidas de mis alumnos. Era mi oportunidad de pasar de la lista de los "peores maestros" a la lista de los "mejores maestros" al mirar hacia afuera en lugar de solo hacia adentro.

Cuando aprendí cuán fácil era adoptar este nuevo paradigma, toda mi carrera dio un giro. A partir de ese momento, pasé de la inseguridad al impacto.

Y tú también puedes hacerlo.

CAPÍTULO 1

Por qué es importante

La mayoría de las personas no se despiertan en medio de la noche deseando saber cómo leer a su audiencia. Se preocupan por tener suficiente dinero para pagar esa reparación inesperada del auto, o por los detalles de un proyecto del que están a cargo, o por las malas decisiones que está tomando un familiar. Tales pensamientos siempre tienen que ver con el miedo, el dolor, o con lo que podría salir mal, no con lo que podría salir bien. Para empeorar aún más las cosas, todo parece exagerado en medio de la noche, ¿no es cierto? Los miedos son más aterradores, el dolor es más doloroso, y las situaciones familiares parecen no tener esperanza.

Aprender a leer a nuestra audiencia no suele ser una gran preocupación para nosotros a menos que acabemos de salir de una situación que no salió bien. A algunos nos puede incomodar porque, como personas introvertidas, saber cómo desenvolvernos en eventos no es algo que nos salga por naturaleza. Otros no tenemos problema para conversar sobre cualquier cosa, pero sentimos que estamos perdiendo el tiempo. Si somos líderes, queremos comunicarnos bien, pero no siempre podemos saber si alguien está prestando atención.

Para la mayoría de nosotros, leer a nuestra audiencia suele encajar en la categoría de "una habilidad que es bueno tener" en lugar de "necesito dejar todo y aprender esa habilidad ahora mismo". La única manera en que nos comprometeremos a aprender estas habilidades es teniendo un enfoque claro en los beneficios: cuán diferentes podrían ser las cosas.

Aquí tenemos dos preguntas sencillas que nos darán la respuesta que estamos buscando:

1. ¿Qué ocurrirá si aprendo a leer bien a mi audiencia?
2. ¿Qué ocurrirá si no lo hago?

Examinemos esas preguntas y luego veamos qué nos impide ir tras estas habilidades.

Leer a tu audiencia: las ventajas y desventajas

Aprender a leer bien a tu audiencia no es una habilidad reservada para ciertas personas extrovertidas y sociables. Es algo que cualquiera puede aprender, sin importar cuál sea su temperamento. Cuando domines las habilidades simples, esto es lo que podrás hacer:

- Entrarás en cada situación nueva con confianza, viendo cada encuentro como una aventura por explorar.
- Sabrás el marco exacto para entender lo que está ocurriendo y qué hacer en cada situación.
- No tendrás que "conquistar la sala" como un vendedor agresivo; podrás ser tú mismo al cien por ciento.
- Podrás descubrir exactamente lo que la gente necesita y responder de manera adecuada, por lo que tu influencia aumentará.

- La gente llegará a respetarte; no por cómo te presentaste sino por cómo les ayudaste a mejorar.

¿Cuáles son las desventajas de *no* saber leer a tu audiencia? Aquí están algunos de los riesgos:

- Malentendidos: no saber lo que la gente está pensando y hacer suposiciones equivocadas.
- Oportunidades perdidas: perder la oportunidad de conectar con personas que podrían beneficiarte en el futuro.
- Incomodidad: preocuparse por lo que la gente piensa de ti, lo cual interfiere con tu capacidad para pensar en ellos.
- Limitaciones profesionales: interferir con tus posibilidades de avanzar al no poder leer a tu audiencia.
- Liderazgo poco productivo: estar a cargo de reuniones mediocres, presentaciones poco impresionantes, y conversaciones informales que se sienten superficiales.

¿Cómo funciona esto? En general, todos encajamos en dos grandes categorías:

1. Aquellos que se sienten cómodos al entrar a una sala.
2. Aquellos que se sienten incómodos al entrar a una sala.

Si estás en el primer grupo, puede que ni siquiera estés leyendo este libro. Disfrutas de los entornos grupales, así que no sientes una necesidad urgente. Probablemente estás en el lado extrovertido, así que esperas con entusiasmo tener más personas con quienes interactuar. Te llena de energía ser intencional a la hora de rodearte de otros, y esa energía aumenta cuanto más tiempo estás ahí.

Eso está bien, porque no hay nada de malo en disfrutar. Al mismo tiempo, hay una diferencia entre sentirse *cómodo* y sentirse *seguro*. Sentirse cómodo te beneficia *a ti*, porque no te sientes intimidado. Pero eso no significa que estés aprovechando al máximo la situación. Cuando te sientes seguro, *los demás* se verán beneficiados. Significa que has desarrollado las habilidades para identificar lo que está sucediendo en la sala y cómo puedes mejorarla.

El hecho de que hayas comenzado este libro probablemente te sitúa en el segundo grupo. Lo más probable es que seas un poco más introvertido y que te preocupe la impresión que estás dando y lo que estén pensando los demás de ti. La mayor necesidad que sientes es estar más cómodo.

Esa preocupación es legítima. La manera más fácil de sentirse cómodo en una sala es volverse competente en el proceso: saber cómo leer a tu audiencia, reconocer lo que está sucediendo, y tener datos precisos con los que trabajar. Cuando tienes las habilidades para leer a tu audiencia, te sentirás seguro al entrar en la sala.

Un conjunto de habilidades que puedes dominar

Todos nos encontramos con situaciones en las que no sabemos qué esperar:

- Vamos a la sala de reuniones para presentar un cambio en el plan de compensación de nuestro equipo, preguntándonos cómo responderán.
- Estamos en una reunión virtual, esperando que el gerente de recursos humanos haga un anuncio

importante sobre la política de trabajo remoto de la empresa, y nos preguntamos cómo nos afectará.
- Llegamos a una parrillada de la empresa donde no podemos evitar a las personas que siempre saben cómo sacarnos de quicio.
- Nuestro jefe nos llama a su oficina y no sabemos por qué.

Todos sabemos lo que se siente al enfrentar una situación, recibir información, y preguntarnos qué hacer después. Desearíamos saber instintivamente cómo responder en el momento, pero nuestro tanque de ideas está vacío.

Quizás hay una reunión semanal a la que debemos asistir en el trabajo. Algunas personas esperan sacar algo de ella, a otras les llena de energía esa sesión semanal, y el resto cuenta los minutos hasta que termine.

En otra empresa, un ejecutivo llega a una de las oficinas para anunciar una reestructuración que afectará a todos, sabiendo que probablemente habrá algo de resistencia. Mientras tanto, al otro lado de la ciudad, un representante de ventas hace una presentación a un equipo de compras para conseguir hacer negocio con ellos; mientras un gerente de ese lugar se reúne con sus empleados para establecer metas para la próxima temporada.

Todos los días tú y yo enfrentamos situaciones como estas, y no solo en el trabajo:

- En el supermercado, analizas la longitud de cada fila de caja y cuánto tiene cada persona en su carrito para decidir en cuál formarte (y te frustra haber elegido la que tiene a alguien con un montón de cupones y que está contando monedas para pagar).

- Llegas a casa después de un vuelo largo, con ganas de reconectar y relajarte. Abres la puerta, hay demasiado silencio, y sientes la tensión en el aire (hasta el perro se esconde en la esquina). Algo sucede, y debes averiguar qué es.
- Recientemente te uniste a la junta de tu asociación de vecinos, y estás asistiendo a tu primera reunión. Eres el nuevo, mientras los otros miembros han estado juntos por años. Quieres mostrar tu competencia mientras respetas su experiencia. Es momento de observar las dinámicas interpersonales para saber cómo causar impacto.

¿Qué tienen en común todos esos escenarios? Leemos a cada "audiencia" tratando de evaluar la situación y tomar buenas decisiones basadas en lo que podemos ver.

Una persona que entra a una sala intenta averiguar qué está ocurriendo. En una sala física, identifica quién está sentado y quién está de pie; quién sonríe y quién frunce el ceño; quién parece enojado o aburrido y quién parece lleno de energía; quién conversa con quién. En una sala de reuniones virtual, observa a quienes tienen sus cámaras encendidas, intentando adivinar si están prestando atención o si están revisando correos electrónicos o jugando al solitario en línea. Basándose en esas observaciones, hace suposiciones sobre lo que está pasando en la sala y luego decide qué hacer a continuación.

Pero sus suposiciones podrían estar completamente equivocadas. Y si no sabe qué observar, sus posibilidades de equivocarse son aún mayores.

Aquí está la buena noticia: *leer a una audiencia es una habilidad que cualquiera puede aprender* usando un proceso de cuatro pasos que funciona en *cualquier* situación.

1. *Observa el entorno*. Descubre lo que *realmente* está ocurriendo en la sala.
2. *Interactúa con la gente*. Conversa con curiosidad y propósito.
3. *Planifica tu enfoque*. Determina un marco simple para ser eficaz.
4. *Ejecuta tu estrategia*. Actúa sobre tus descubrimientos para impactar la sala.

Este sencillo proceso conduce una y otra vez a un resultado exitoso. Te lleva de una confusión indecisa a una acción segura, dándote la habilidad de responder con confianza en cualquier situación. No importa cuál sea tu temperamento o personalidad, si eres el líder formal del grupo o si la gente ni siquiera sabe quién eres. Sabrás exactamente cómo leer a cualquier audiencia, y cómo marcar la diferencia.

Un nuevo enfoque

He leído decenas de libros sobre este tema para prepararme para escribir este. La mayoría te dice cómo leer a tu audiencia para que puedas tomar el control, ser el líder carismático de la sala, y lograr que la gente te admire. Parece que están poniendo el enfoque en cómo lograr que la gente te quiera para que no te sientas intimidado en esas situaciones.

Este libro es diferente. Sí, aprenderás cómo observar lo que está ocurriendo e interpretarlo con precisión. Esa es la parte fácil. Pero tendrás una motivación más profunda que solo hacer que tú te veas y te sientas mejor; buscarás maneras de hacer que la vida de los demás sea mejor.

¿No es eso lo que realmente queremos en la vida? Es bueno que la gente piense bien de nosotros, pero eso por sí solo no es satisfactorio en el largo plazo. Cuando desarrollamos habilidades que nos permiten servir a otros, emprendemos un camino de satisfacción duradera porque estamos mirando hacia afuera en lugar de hacia adentro.

¿Quieres cambiar el mundo? Puedes hacerlo: impactando a quienes te rodean. Si entras en cada sala con la mentalidad de mejorarla, motivarás a otros a hacer lo mismo con las personas a su alrededor. Como una piedra lanzada a un estanque, el efecto dominó crece exponencialmente porque tomaste la iniciativa.

El viaje

Este libro es una combinación de la investigación más reciente y mi propia experiencia liderando seminarios por más de treinta años. He entrado en más de tres mil salas de conferencias y auditorios, sin saber nunca lo que encontraría. De esas experiencias aprendí gradualmente qué hacer al entrar por la puerta, qué observar, y cómo evaluar con precisión las necesidades de las personas al llegar. Con el tiempo, el proceso se volvió automático. Sabía exactamente cómo acercarme y analizar a cada nueva audiencia (leer para tener confianza), cómo ayudar a las personas a aprender nuevas habilidades e implementarlas (liderar para obtener resultados), y cómo motivar genuinamente a cada persona en la sala para que alcance su mejor versión (servir para tener impacto).

La mayoría de lo que aprendí vino a través de la prueba y error; aunque mayormente error. Parece que la mayoría de la sabiduría que tenemos en la vida viene a través de los errores que cometemos, ¿no es así? Con suerte, aprendemos de esos errores y ganamos competencia.

Recuerdo que traté de ayudar a mi hija Sara, que en ese entonces era adolescente, a aprender de mis errores para ahorrarle el dolor de vivirlos por su cuenta. Ella dijo: "Pero, papi, quiero cometer mis propios errores".

Te contaré lo que he aprendido tanto de mis errores como de mis aciertos. Principalmente, compartiré principios que he aprendido a lo largo de los años en una gran variedad de situaciones, principios que podrás incorporar a tu propio camino para marcar la diferencia. Será un enfoque práctico y vivencial para la confianza y el éxito. Claro que cometerás tus propios errores, pero quizás también puedas aprender algunas cosas de los míos, y tal vez incluso podamos crecer celebrando los éxitos los unos de los otros.

Aprenderás un proceso paso a paso que es simple y repetible en cualquier situación. Sabrás exactamente qué observar, y sabrás qué hacer a continuación.

¿El resultado? Trabajarás dentro de tu temperamento natural para sentirte completamente seguro al entrar en cualquier sala porque estarás preparado. Ya seas un introvertido reflexivo o un extrovertido sociable, podrás ser tú mismo al cien por ciento. No te preocuparás por cómo te perciban los demás; diseñarás tu propio proceso único para servir a las personas que encuentres y mejorar sus vidas.

Confianza, influencia e impacto. ¿No suena estupendo? No será nada difícil una vez que sepas qué hacer. Lo aprenderás fácilmente, y se volverá algo natural con la práctica. Con el tiempo, serás la persona en la sala que sabe lo que realmente está ocurriendo y cómo mejorarlo.

Acompáñame en esta aventura. Te acompañaré en todo el camino, y lo haremos juntos.

Sé cómo terminará esto. ¡Y te prometo que te alegrarás de haber emprendido este viaje!

PARTE 1

Las tres cosas esenciales (para tener éxito)

Cuando escribí esta sección, estaba sentado en las mesas de la terraza de una cafetería local y única en las afueras de Nashville. Es una zona grande, cubierta de pasto, frente a un edificio histórico, llena de setos, flores, y enormes árboles antiguos que dan sombra. Para un autor es el escenario perfecto para sentirse inspirado.

Me acomodé en una pequeña mesa cuadrada de madera con mi café y preparé mi computadora portátil. Al colocar los dedos sobre las teclas, apoyando los antebrazos en la mesa, esta se inclinó ligeramente hacia mí, y un pequeño salpicón de café hizo un charco alrededor de mi taza. Tomé un par de servilletas para limpiarlo y traté de seguir trabajando, pero rápidamente me di cuenta de que estaba sobre un terreno desigual y el problema continuaría.

Probé con un par de mesas más, pero encontré el mismo problema. Era un ambiente excelente, pero yo quería beber mi café, no limpiar mesas con él. No quería irme, pero necesitaba algo más estable para poder concentrarme sin distracciones.

Uno de los empleados estaba recorriendo las mesas exteriores, asegurándose de que todos estuvieran bien. Supongo que notó mi dilema porque se acercó a ofrecer ayuda. Evidentemente no era la primera vez que veía este problema. "Perdón por eso", dijo. "Esas mesas de cuatro patas están bien para conversar, pero no para trabajar. Como el suelo es desigual, siempre hay una pata que no alcanza del todo y hace que se tambaleen".

Continuó: "¿Por qué no prueba una de esas mesas redondas de tres patas que están junto a los árboles? Las pusimos para que la gente pudiera trabajar afuera. Al tener tres patas, quedan firmes sin importar lo disparejo del terreno".

Tenía razón. Mi nueva mesa me recordó a los taburetes de tres patas que usan los granjeros cuando ordeñan vacas a mano. Tres patas hacen que sea estable por más que se mueva una persona.

Esa mesa de tres patas no solo fue la solución perfecta para mi escritura, sino que también sirvió como introducción perfecta a esta sección. Si quieres aprender a leer a tu audiencia con eficacia, el enfoque que utilices para adquirir estas habilidades debe tener una base sólida. De eso trata esta sección, y nos aseguraremos de tener la mesa adecuada.

Este libro te dará la base sólida para tener confianza e impacto en cualquier entorno al que vayas. Pero si ignoras esa base, estas técnicas no se volverán parte de quién eres; estarán como superpuestas y estarás *actuando con confianza* en lugar de *ser realmente una persona segura*. Fingir constantemente es agotador, así que evitémoslo.

Por eso comenzamos con esta mesa de tres patas para establecer bien nuestra estructura:

1. *Necesitamos pensar con claridad sobre nuestra mentalidad*, creyendo que es posible adquirir estas habilidades. Se trata de cómo volverse proactivo, asumiendo la responsabilidad del crecimiento y el cambio personal.
2. *Necesitamos pensar con claridad sobre el proceso*: en qué consiste, en qué no consiste, y por qué vale la pena descubrirlo y dominarlo.
3. *Necesitamos pensar con claridad sobre los demás*, reconociendo nuestros sesgos naturales hacia cada persona que conocemos y aprendiendo a valorar genuinamente la singularidad de los demás.

Cada audiencia será diferente; eso será el terreno disparejo. Esta sección es fundamental para que podamos movernos con confianza en cualquier situación. Si nos saltamos esta base, todas las técnicas se volverán ineficaces con el tiempo. Si dominamos esta preparación, el éxito está garantizado.

No solo queremos vernos mejor en los entornos a los que entremos. Queremos *ser* mejores; tener la confianza y la habilidad para marcar la diferencia. Es un trabajo de adentro hacia afuera. Comencemos primero con el trabajo interno en los tres próximos capítulos.

CAPÍTULO 2

Domina tu mentalidad

Puedes hacerlo

> La vasta población de esta tierra... puede dividirse fácilmente en tres grupos. Están los pocos que hacen que las cosas sucedan, muchos más que observan lo que sucede, y la gran mayoría que no tiene idea de lo que sucede.
>
> Nicholas Murray Butler

"Necesitamos algunas ideas frescas para hacer felices a nuestros clientes", dice el jefe. "Tengamos una sesión de lluvia de ideas en nuestra próxima reunión para ver qué se nos ocurre".

¿Qué pasa por tu cabeza cuando escuchas eso? La mayoría de las personas se encuentran en una de estas dos categorías:

1. *¿Lluvia de ideas? No sé si soy bueno en eso, pero será una gran oportunidad para aprender cómo se hace. ¡Parece una gran oportunidad para crecer!*
2. *Se me dan fatal las lluvias de ideas. Simplemente no soy creativo, y nunca se me ocurre nada que aportar. Otras*

personas son buenas en eso, pero yo no. Tal vez pueda llamar y decir que estoy enfermo ese día.

Algunos de nosotros vemos las nuevas oportunidades como una manera de crecer y adquirir nuevas habilidades. Otros pensamos que "somos como somos", así que no hay esperanza de cambiar, crecer, o convertirnos en algo diferente. Es nuestra mentalidad: cómo nos vemos a nosotros mismos. En cualquier caso, puede haber muchas razones para ello, pero probablemente has tenido una u otra mentalidad desde que eras niño. Con el tiempo te acomodaste a un patrón que funcionaba para ti, y hoy esa es tu configuración predeterminada.

La psicóloga y autora Carol Dweck describe estas dos categorías como tener una *mentalidad de crecimiento* o una *mentalidad fija*. Una *mentalidad de crecimiento* sugiere que nuestras cualidades básicas y nuestra inteligencia pueden desarrollarse a través del esfuerzo personal, estrategias, y ayuda de otros. Las personas con esta mentalidad creen que crecen a lo largo de la vida por medio de sus decisiones, y no hay límite para lo lejos que pueden llegar.

Una *mentalidad fija* sugiere que nacemos con cierta cantidad de inteligencia, y que nunca cambia. Las personas con esta mentalidad sienten la necesidad constante de demostrar su inteligencia, así que se preguntan: "¿Tendré éxito o fracasaré? ¿Pareceré inteligente o tonto? ¿Seré aceptado o rechazado? ¿Me sentiré como un ganador o como un perdedor?".[1] Como no creen que puedan hacerse más inteligentes o mejores, les preocupa principalmente cómo los ven los demás. Les importa más la imagen que el desempeño.

¿Qué tiene que ver esto con aprender a leer a tu audiencia? *Todo.*

Una perspectiva más profunda

Si tienes una mentalidad de crecimiento con respecto a leer a tu audiencia, podrás desarrollar tus habilidades y tener confianza en cualquier situación. Si tienes una mentalidad fija, creerás que nunca serás realmente bueno en eso, y nunca te sentirás seguro. Siempre estarás fingiendo sentirte cómodo, y eso te agotará.

Aquí tienes una buena noticia: *puedes cambiar tu mentalidad.*

Cuando se trata de alcanzar el éxito en cualquier iniciativa, la mentalidad es "la tarea principal". Es innegociable, y es algo que podemos elegir. Nada importa más que nuestra mentalidad. Si no tenemos la mentalidad correcta, todos los consejos y técnicas para leer a tu audiencia serán irrelevantes. Tal vez los pongamos en práctica, pero siempre se sentirá forzado porque no hemos cambiado nuestra manera de pensar.

Cuando tu mentalidad cambia, *todo cambia.*

Ampliemos esto viendo una segunda perspectiva que se basa en la idea de mentalidad de crecimiento versus mentalidad fija. Es el concepto de ser proactivo en lugar de reactivo.

Una persona *reactiva* ve la vida a través de una mentalidad de víctima. Todo lo que ocurre está fuera de su control, y nunca se le ocurre que podría hacer las cosas de otra manera. Está a merced de las acciones y decisiones de los demás, y esto determina cómo se siente. Para que algo pueda mejorar, la otra persona tiene que cambiar. Después de todo, la otra persona es el problema, y está arruinándolo todo.

Una persona *proactiva* se responsabiliza de su actitud y sus acciones. Determina qué puede controlar, y pone su energía y enfoque en eso. Aprende también a aceptar las cosas que no puede controlar y a adaptarse. Cuando enfrenta un desafío, su primer pensamiento es: *Entonces, ¿qué puedo hacer en esta situación?*

Si quieres aprender a leer a tu audiencia e influir en ella, necesitarás pasar de ser reactivo a ser proactivo. Si eres reactivo, verás tu rol como el de un camaleón: cambiando tu comportamiento para encajar con lo que esté ocurriendo a tu alrededor. No serás tú mismo porque estarás creando una imagen para que los demás la vean. Nunca desarrollarás confianza porque les habrás dado a los demás el poder sobre tus emociones.

El autor Stephen R. Covey solía compartir que las personas reactivas se sienten bien si el clima es bueno, y se sienten mal si el clima es malo. Sus sentimientos están vinculados a lo que ocurre a su alrededor. En contraste, "las personas proactivas llevan consigo su propio clima".[2] Si eres proactivo, te apropias de la responsabilidad por cómo te sientes y respondes, así como por las decisiones que tomas.

Ser proactivo significa enfocarte en las cosas que puedes controlar en lugar de centrarte en las que no puedes. También te aleja de ser una víctima de tus circunstancias para convertirte en alguien que marca la diferencia en sus circunstancias. Es una inclinación a la acción, y es algo que puedes elegir hacer.

Pongamos un ejemplo en el trabajo. Digamos que te asignaron a un equipo de proyecto con varias personas más. En la primera reunión, el responsable principal presenta sus expectativas para el proyecto. Todos toman notas y comienzan a trabajar en él. Pronto surgen preguntas sobre los detalles de cómo debería ser el resultado, y todos tratan de averiguar qué hacer.

Los miembros reactivos del equipo podrían argumentar que la persona responsable debería haber sido más clara. Están frustrados porque tienen que averiguarlo, así que intentan adivinar lo que deberían hacer y esperan lo mejor, quejándose todo el tiempo sobre los detalles poco claros.

Los miembros proactivos del equipo se acercan a la persona responsable y piden aclaraciones. De hecho, habrían buscado esa aclaración en la reunión inicial, haciendo preguntas como:

"Cuando dices que quieres que el proyecto tenga éxito, ¿qué significa eso para ti?".

"Dijiste que no puede costar demasiado. ¿Podrías darnos una idea en cifras más concretas?".

"¿Con qué frecuencia te gustaría recibir un reporte de progreso para asegurarte de que vamos por buen camino con tus expectativas?".

Las personas reactivas esperan a que ocurran los eventos y luego responden a ellos. Las personas proactivas anticipan los problemas antes de que ocurran y trabajan activamente para encontrar soluciones.

Las personas reactivas dejan que las circunstancias dicten sus acciones. Las personas proactivas trabajan para obtener lo que quieren, siendo intencionales con sus decisiones y respuestas.

Los beneficios de la proactividad

Mi esposa y yo siempre hemos hecho nosotros mismos el trabajo del jardín. Cortamos el pasto, podamos, cavamos y regamos. A menudo pasamos todo un sábado poniendo nuestro paisaje bajo control. Es mucho trabajo, pero al final del día es muy satisfactorio ver los resultados.

El paso final es siempre limpiar el desorden que hemos dejado en las aceras. Quedan cubiertas de pasto, recortes, hojas, y lo que sea que haya quedado de nuestros esfuerzos. No es nuestra parte favorita del trabajo, pero es esencial. Durante años, tomábamos un par de escobas y nos poníamos manos a la obra.

Hace un par de años compramos un pequeño soplador de hojas eléctrico con dinero que el padre de mi esposa nos dio por nuestro aniversario. No estábamos seguros de necesitarlo porque las escobas funcionaban, pero conocíamos a otros que tenían sopladores y decían que eran estupendos. Así que lo probamos. Fue como *magia*. Limpiaba el desorden en una fracción del tiempo, y el resultado era mucho mejor. Ahora no podemos imaginar hacer el trabajo del jardín sin él.

Cuando solo teníamos escobas, conseguíamos hacer el trabajo con ellas, así que realmente no veíamos la necesidad de hacerlo de otra manera; pero ahora que hemos experimentado los beneficios del soplador de hojas, no hay vuelta atrás. Es una de las mejores inversiones que hemos hecho.

Aprender a ser proactivo puede parecer mucho trabajo, ¿cierto? ¿Realmente necesitamos hacer ese cambio? Si podemos ver los beneficios, la respuesta será un rotundo "¡sí!", y puede cambiarlo todo. Voy a explicarte por qué vale la pena perseguir la proactividad.

Te adelantas al juego

Piensa en un proyecto que tienes y que parece abrumador. La reactividad sigue el camino de menor resistencia: postergar, distraerse, esperar hasta el último minuto y frustrarse. Les dices a las personas: "Trabajo mejor bajo presión". La proactividad sucede cuando comienzas temprano, planificas bien tu tiempo, y das un paso pequeño a la vez. Te sentirás confiado durante todo el proyecto, incluso si es desafiante, y lograrás más de lo que pensabas que era posible.

Consigues una sensación de control

Cuando nuestros hijos eran adolescentes, los llevábamos de vacaciones familiares. Durante algunos años se quejaban todo el tiempo porque querían hacer algo diferente o quedarse en otro hotel, y se sentían víctimas de nuestras decisiones. Finalmente decidimos enseñarles a ser proactivos y les entregamos la planificación. "Aquí está la cantidad de dinero con la que pueden contar y este es el marco de tiempo. Aquí tienen un mapa. Ustedes deciden a dónde vamos, dónde nos quedaremos, y qué haremos. Los ayudaremos a pensar en los detalles tanto como lo necesiten, pero ustedes están a cargo". Los "obligamos" a ser proactivos, y resultó muy bien. No podían quejarse de nada ya que todo había sido decisión de ellos. Aprendieron rápidamente sobre los beneficios de la proactividad, y tuvimos algunas de las mejores vacaciones de nuestras vidas.

Evitas el estrés

Se revienta una llanta de tu auto, y reemplazarla va a ser caro. ¿Cómo te sientes si tienes suficiente en tu cuenta bancaria para cubrirlo, pero nada extra? Estás estresado. ¿Cómo te sientes si tienes cincuenta mil dólares en tu cuenta? No estás estresado. La proactividad te ayuda a anticiparte a los problemas para que puedas prevenirlos o minimizarlos. Volverte proactivo te ayuda a superar la postergación, así que tendrás más margen; lo cual significa que tendrás más confianza. Aumentas tu capacidad para manejar lo inesperado, y eso minimiza el estrés.

Alcanzas tus metas y cumples tu potencial

La proactividad te da un mapa para progresar; la reactividad es deambular sin rumbo tras cualquier cosa que brille. Cuando tomas la iniciativa, fijas metas importantes y trabajas para alcanzarlas, accedes a nuevas habilidades y capacidades. Creces, sobresales en tus responsabilidades, y construyes relaciones significativas. Moldeas tu futuro en lugar de dejarlo al azar.

Te preparas para el liderazgo

La proactividad te hace valioso para liderar cualquier equipo. Estarás enfocado en obtener resultados en proyectos y personas, y estarás comprometido con construir un equipo unido que destaque. La proactividad acelera tu camino hacia el crecimiento profesional.

Resuelves problemas y tomas mejores decisiones

Cuando eres proactivo tienes tiempo para investigar bien, reunir nuevas ideas e información, y luego planificar y elaborar estrategias cuidadosamente. Cada vez fortaleces tus músculos para resolver problemas y perfeccionas tu capacidad para tomar decisiones.

Eres más feliz

Cuando eres proactivo, tienes más control sobre las cosas. Estás preparado para enfrentar desafíos y aprovechar oportunidades. Estás enfocado en soluciones en lugar de centrarte en los problemas, así que tu actitud hacia todo en la vida mejora. Estás viviendo conforme a tus valores, que es la base de la verdadera satisfacción. Estás desarrollando tu carrera y a ti mismo, y estás marcando la diferencia.

La proactividad te ayudará en todas las áreas de tu vida. Cuando estés en cualquier situación donde necesites leer a tu audiencia, no te preocuparás por cómo te están viendo los demás; te sentirás seguro y confiado, lo cual te permitirá causar un impacto genuino.

Cómo hacer el cambio

Si siempre has tenido un filtro más reactivo a través del cual ves la vida, puede parecer un desafío adoptar uno nuevo y proactivo. Por fortuna se trata principalmente de un cambio de mentalidad: simplemente has de decidir que vale la pena hacer el cambio. Luego, haz que el camino sea más fácil a través de pasos pequeños y prácticos.

Primero, reconoce que tienes el poder para cambiar tu situación. Siempre habrá factores fuera de tu control, pero lo que haces y cómo respondes determinará lo que suceda en tu futuro. Con una mentalidad proactiva, tendrás la capacidad de tomar el control y avanzar.

Segundo, decide cambiar tu mentalidad de víctima por una mentalidad de vencedor. Puedes decidir que tienes las habilidades y la mentalidad adecuadas para superar los desafíos más difíciles y crear nuevas soluciones.

Tercero, comprende que el cambio proviene de pensar de modo diferente. Si intentas comprometerte con nuevos comportamientos, estás operando desde la fuerza de voluntad, que siempre es un recurso limitado. Para actuar de manera diferente, debes pensar de manera diferente. Para pensar de manera diferente, debes reconocer los lentes que estás usando y reemplazarlos por unos nuevos; lentes que te den una perspectiva diferente.

Y, *cuarto, practica comportamientos actualizados:*

- Deja de postergar; actúa ya.
- Cuando surja un problema con alguien, toma la iniciativa para hablar abiertamente con esa persona en lugar de evitarlo (hablaremos sobre cómo hacerlo cómodamente).
- Enfócate en lo que puedes controlar. Solo hay una cosa que puedes controlar: *tú*. Tú mismo, tus acciones, tus actitudes y tus decisiones. ¿Qué *no* puedes controlar? Todo lo demás.
- Sé intencional con la autoconciencia. Vuélvete un estudiante de ti mismo.
- Protege tu mente minimizando las cosas negativas que consumes. Si las noticias activan tu mentalidad de

víctima, apágalas. Sé selectivo con el contenido y el tono de los *podcast* que escuchas y los artículos que lees. Aunque sean positivos, consumir demasiado contenido de otros tiende a ponerlos a ellos a cargo de lo que piensas.
- Haz cosas diferentes o haz las cosas de manera diferente. Cambia el orden de las cosas de vez en cuando.

Si quieres aprender a leer a tu audiencia, comienza a desarrollar una mentalidad de proactividad: la creencia de que es posible rendir más allá de tus habilidades actuales. Es la primera pata de tu taburete de tres patas y un paso fundamental que impactará no solo tu trabajo, sino también cada aspecto de tu vida.

CAPÍTULO 3

Domina el proceso

Vale la pena el esfuerzo

> Mi habilidad para leer a mi audiencia es la razón por la que muchas veces me quedo en casa.
>
> Anónimo

Piensa en entrar a un evento social, ya sea personal o profesional. Entras en la sala; ¿qué *sientes*? ¿Te inclinas más hacia la ansiedad o hacia la confianza? ¿Estás cómodo, o sientes que acabas de subir a un escenario donde serás criticado? Rápidamente haces un escaneo de tu entorno para orientarte: cuántas personas hay, qué tan grande es la sala y cómo está distribuida, cuál es el tono de la sala, y con quién podrías iniciar una conversación.

Puede que te sientas cohibido, preguntándote qué piensan los demás de ti, si estás vestido adecuadamente o si encajas. Podrías estar observando las expresiones faciales de las personas, tratando de decidir con quién conectar. Tal vez te sientas completamente desconcertado hasta que consigues entablar una conversación con alguien; lo que sea antes que quedarte merodeando solo en medio de la sala.

O tal vez la situación te llena de energía y estás emocionado por pasar un buen rato y establecer conexiones que te serán útiles en el futuro. Una vez que tienes un plan, estás listo para sumergirte en las conversaciones. ¿Cómo te sientes? Probablemente confiado y lleno de energía porque se te dan bien las conversaciones y entablar conexiones.

En ambos casos, estás intentando leer a tu audiencia con el objetivo de sentirte cómodo y confiado, observando y decidiendo qué hace falta para que eso suceda. Nadie quiere tener miedo de ir a los lugares donde hay gente, sino esperar con ansias esos eventos.

Aquí está la buena noticia: es posible, y no es tan difícil. Solo necesitas aprender a leer a tu audiencia *con precisión*. Comenzarás haciendo observaciones iniciales, pero también tendrás que interpretar esas observaciones con cuidado. Las suposiciones equivocadas conducen a acciones equivocadas, lo que lleva a resultados erróneos. Tu confianza será el resultado de tu competencia.

Tipos de salas, tipos de personas

Entramos y leemos a nuestra audiencia en una amplia variedad de entornos, desde eventos de *networking* orientados al negocio, hasta reuniones de ventas con clientes o reuniones de estrategia de mercado. Pueden ser sesiones de capacitación, eventos de convivencia de equipo, conversaciones individuales, o entrevistas de trabajo frente a un panel de ejecutivos. Incluso llega a nuestras vidas personales, como cuando entramos en nuestra cocina y vemos un frasco de galletas roto y tres niños pequeños señalándose entre sí.

Cada sala es única con respecto a cualquier otra sala, pero todas tienen una cosa en común: *hay personas en la sala*.

Cuando entramos a cualquier sala, queremos entender qué está sucediendo. Podría haber algunos detalles del entorno a considerar, pero leer a tu audiencia significa leer a las personas de esa sala. Aunque todos son individuos, hay una serie de roles que debemos considerar para evaluar con precisión la dinámica de cualquier situación:

- *Líderes y seguidores*: gerentes y supervisores, así como aquellos que prefieren recibir dirección y seguir instrucciones.
- *Pensadores creativos y pensadores analíticos*: aquellos que son "personas de ideas" y quienes son más lineales y lógicos (y saben cómo organizar esas ideas).
- *Veteranos y nuevos empleados*: personas que han estado en su carrera por décadas, así como recién graduados.
- *Personal de cara al público y personal de apoyo*: aquellos que interactúan con los clientes y quienes trabajan entre bambalinas.
- *Trabajadores remotos y empleados de oficina*: personas cuyos entornos están determinados por la naturaleza de sus responsabilidades.
- *Establecedores de metas y solucionadores de problemas*: aquellos que destacan en la planificación y aquellos que destacan en resolver.
- *Introvertidos y extrovertidos*: pensadores tranquilos y profundos, y pensadores extrovertidos y rápidos.

Tomemos ese último grupo como ejemplo.

Los extrovertidos tienden a recargar su energía cuando están interactuando con otras personas y se sienten agotados cuando están solos. Los introvertidos son lo contrario: recargan su energía estando solos para luego poder funcionar bien en grupos. Los extrovertidos piensan hablando, mientras que los introvertidos piensan escuchando. Los extrovertidos piensan rápido, mientras que los introvertidos piensan profundamente.

Al leer a tu audiencia, encontrarás una cantidad casi igual de ambos temperamentos. Los introvertidos por lo general no son tímidos (esa es otra cuestión), y los extrovertidos no siempre son extremadamente habladores. La diferencia más obvia es que un extrovertido compartirá sus ideas a medida que surgen, antes de que esas ideas estén completamente formadas. Las sacan y las moldean con los demás. Los introvertidos no compartirán sus pensamientos hasta que hayan tenido tiempo de procesarlos por su cuenta. Cuando han aclarado su pensamiento, están más que dispuestos a hablar sobre sus ideas.

Aquí tienes otro ejemplo. En el pasado ha habido mucha discusión sobre las personas "de cerebro derecho" y las "de cerebro izquierdo". La investigación aún no ha llegado a una conclusión clara sobre la legitimidad de esa categorización, pero vale la pena considerar la idea básica. Fundamentalmente se trata de las diferencias entre lo que ocurre en el hemisferio izquierdo del cerebro y el derecho. La idea es que aunque las personas usan todo su cerebro, prefieren un lado antes que el otro, e igual que ocurre con la mano dominante.

Las personas consideradas "de cerebro izquierdo" son más analíticas. Les gustan los hechos y las cifras, y los datos son sus amigos. Las personas "de cerebro derecho" son más creativas, y actúan desde los sentimientos y la intuición. Pon a estas dos personas juntas en una conversación y se interesarán por cosas diferentes. Si eres más creativo, tus opiniones sobre cualquier tema no serán tan interesantes para una persona más analítica. Para mantener la conexión, será útil explorar el terreno intermedio y aprender el uno del otro.

Este concepto también influye en el modo en que una persona lee a su audiencia:

- Las personas de cerebro izquierdo prestan atención al ambiente general de la sala, mientras que las personas de cerebro derecho observan cosas específicas en la sala.
- Las personas de cerebro izquierdo resuelven las cosas paso a paso, mientras que las personas de cerebro derecho confían en su intuición para entender lo que está sucediendo.
- Las personas de cerebro izquierdo prefieren el orden, mientras que las personas de cerebro derecho son más flexibles con respecto a lo que está ocurriendo.
- Las personas de cerebro izquierdo buscan hechos y evidencia, mientras que las personas de cerebro derecho buscan experiencias y emociones.
- Las personas de cerebro izquierdo se enfocan en su propósito al estar en la sala, mientras que las personas de cerebro derecho buscan cosas que les inspiren.
- Las personas de cerebro izquierdo ven un evento social como un desafío que necesita una solución, mientras que las personas de cerebro derecho lo ven como una historia con diferentes personajes.
- Las personas de cerebro izquierdo son lineales, toman las cosas en un orden lógico. Las personas de cerebro derecho buscan conexiones entre las diversas cosas que suceden a su alrededor.

No tienes que memorizar todos los detalles de cada tipo de sala y de persona. Al leer a tu audiencia, solo sé consciente de las diferencias. De hecho, ¡eso puede hacer que tu viaje sea más fácil porque te da algo que explorar!

Sentirse cómodo en una sala: los mitos

Una de las mayores ventajas de desarrollar estas habilidades es la *confianza*. Con tantos beneficios al saber leer a nuestra audiencia, y con igual cantidad de desventajas cuando no lo hacemos, tiene sentido que queramos aprender, ¿no es cierto? Entonces, ¿por qué no lo hacemos? ¿Qué se interpone en el camino?

Una parte gira en torno a algunos mitos sencillos que simplemente asumimos que son ciertos, pero que necesitamos cuestionar. Aquí están los seis mitos más comunes:

1. *Para sentirme cómodo en una sala debo ser extrovertido.*

   Los extrovertidos a menudo tienen confianza en situaciones sociales porque son buenos en la conversación. Esa no es siempre la zona de confort de los introvertidos, pero ellos son excelentes escuchando. Los extrovertidos suelen alimentarse de la energía de un grupo grande, y los introvertidos brillan cuando pueden entablar una o dos conversaciones más profundas.

   No se trata de qué temperamento es mejor en una situación social; cada uno tiene diferentes fortalezas, enfoques y maneras únicas de interactuar. Cuando trabajan dentro de sus fortalezas, ambos pueden tener plena confianza en cualquier situación.
2. *Sentirme cómodo en situaciones sociales demuestra que soy popular.*

   En muchos casos, las personas más populares y solicitadas de la sala son quienes más luchan con la confianza. Aquellos que permanecen en las sombras a menudo son los que más cómodos se sienten porque han aceptado quiénes son y actúan en sus áreas de fortaleza.

Disfrutan socializando en sus propios términos y no tienen ningún deseo de ser el centro de atención.

3. *Cuando me sienta cómodo en una situación social, estaré interactuando constantemente.*

   Eso podría ser cierto para algunos extrovertidos, pero incluso ellos necesitan recuperar el aliento de vez en cuando. Cuanto más extrovertida es una persona, más disfruta la interacción. Aquellos que son más reservados hacen algo más que solo conversar; se toman el tiempo para simplemente observar lo que sucede a su alrededor y escuchan y procesan profundamente dentro de las conversaciones que tienen; además, no tienen miedo de retirarse a tomar un descanso cuando lo necesitan.

4. *Sentirse cómodo en un evento social es un rasgo natural; o lo tengo, o no lo tengo.*

   Todo lo que hacemos por primera vez es incómodo y torpe. Nuestras habilidades mejoran a medida que seguimos creciendo y practicando. Leer a nuestra audiencia se vuelve más fácil a medida que dominamos un marco simple (que discutiremos en capítulos posteriores).

5. *Si me siento realmente cómodo en una sala, nunca estaré nervioso o ansioso.*

   Cuando está en juego algo importante, casi todos se ponen nerviosos. Cuando no hay mucho en juego… no tanto. Solo observa las audiciones de programas de talento como *American Idol*; hasta los mejores artistas muestran una gran ansiedad porque es la plataforma más grande en la que han estado.

   Si pudiéramos eliminar todo el estrés, nunca lograríamos nada. El estrés es una parte normal de la vida. Si no lo controlamos, es debilitante. Si lo manejamos bien, nos da energía para un alto desempeño.

6. *Soy complaciente con los demás, así que nunca me liberaré de la presión de agradar a otros en cualquier sala.*

   En un entorno grupal, los complacientes se enfocan en cómo están siendo percibidos. Han aprendido inconscientemente a construir una imagen de seguridad que es artificial, tratando de agradar a los demás. Desgraciadamente eso puede ayudarlos a obtener la atención que buscan, pero saben que las personas no responden a quienes realmente son, sino solo a la imagen que proyectan. Las respuestas positivas se sienten vacías porque están basadas en una fantasía en lugar de en la realidad.

Confianza de adentro hacia afuera

Una de las maneras más comunes en que las personas intentan superar la falta de confianza es "fingirlo hasta lograrlo". Ese enfoque parece lógico, ya que las personas confiadas y seguras parecen recibir toda la atención, las oportunidades y los beneficios. Los estudios han demostrado que las personas son percibidas como más atractivas cuando irradian confianza.[1] Por lo tanto, si queremos tener éxito en cualquier situación, es tentador esforzarse al máximo por parecer confiados, incluso si no lo estamos.

Si ese es el camino que tomamos hacia el éxito, en última instancia fracasaremos. Fingir confianza refuerza el hecho de que *no* nos sentimos seguros. Nada ha cambiado por dentro. Además, fingir ser algo que no somos es agotador. Nunca llegamos a relajarnos y a ser nosotros mismos porque estamos demasiado ocupados actuando.

¿Puedes volverte confiado en lugar de solo fingirlo? ¡Claro que sí! Puede convertirse en tu realidad, pero solo cuando cambies tu mentalidad. Y eso significa renunciar a *parecer* confiado para comenzar el viaje de *convertirte* en alguien confiado.

Es un trabajo de adentro hacia afuera.

Por eso agarraste este libro. Quieres obtener la confianza que necesitas en cada área de tu vida, pero quieres que sea genuina. En la parte 2 utilizaremos el sencillo marco paso a paso. Esos pasos se aplican a todos, sin importar temperamentos o antecedentes.

La confianza es el resultado de la competencia. Aprende las habilidades correctas y estarás listo para cualquier situación. Sabrás qué buscar y te sentirás confiado porque has sido entrenado. No tendrás que adivinar; aplicarás lo que sabes sin importar cuál sea el entorno.

Imagina no tener que preocuparte nunca por lo que te encontrarás al entrar en cualquier sala. ¿No sería estupendo perder esa ansiedad para poder relacionarte con los demás con excelencia? Puede marcar una gran diferencia tanto para ti como para las personas con las que te encuentres.

¡Pero espera... hay más!

Hasta ahora nos hemos enfocado en cómo nos *sentimos* cuando entramos a cualquier sala. Ese es el lugar perfecto para comenzar porque, para la mayoría de las personas, es el mayor momento de dolor. Todavía no estamos preocupados por marcar una gran diferencia; estamos más preocupados por sobrevivir y sentirnos cómodos y sin ansiedad a pesar de lo que esté sucediendo a nuestro alrededor. Por eso es importante estudiar la confianza y la seguridad, y por eso es un componente crítico del éxito. Cuanto más confiados nos sintamos, más libres seremos para avanzar.

El psicólogo del siglo XX Abraham Maslow es famoso por teorizar su jerarquía de necesidades humanas. Sugiere que hay cinco niveles de necesidades que todos tenemos:

1. Necesidades fisiológicas básicas (comida, agua, refugio, sueño).
2. Necesidades de seguridad y protección (salud, empleo, propiedad, familia).
3. Necesidades de amor y pertenencia (relaciones, sensación de conexión, intimidad).
4. Necesidades de estima (confianza, identidad única, respeto de los demás).
5. Necesidades de autorrealización (alcanzar el potencial interior y encontrar realización personal, significado y propósito).[2]

Estas necesidades progresan en orden: una persona perdida en el bosque en la noche no estará tan preocupada por lo que otros piensen de ella.

En situaciones sociales, esto significa que podríamos querer marcar una diferencia en la vida del resto de personas de la sala, pero si no nos sentimos seguros, será difícil lograrlo. Por eso nos comprometemos a aprender y dominar el proceso que estaremos estudiando.

Hay una cosa más que es importante si queremos tener éxito al liderar una sala: *asegurarnos de ver a las personas como son.* Cuando conocemos a alguien, es fácil observarlo y decidir cuáles son sus motivaciones sin verificar si tenemos razón. Es como encontrarse con un perro que parece amigable pero resulta ser agresivo. Creer en nuestras primeras impresiones es arriesgado e interfiere en las relaciones reales.

¿Cómo podemos aprender a ver (leer) a las personas correctamente en lugar de intentar adivinar? Sigue leyendo…

CAPÍTULO 4

Domina tus percepciones

Puedes aprender a ver a los demás correctamente

A veces escucho la conversación de un desconocido y doy mi opinión mentalmente.

Anónimo

Llegué temprano a mi reunión, entrando en el rascacielos del centro de la ciudad justo cuando la multitud comenzaba a llegar. El enorme vestíbulo de vidrio y acero vibraba con las personas de negocios que se apresuraban para llegar a sus oficinas a tiempo. Atravesaban varias puertas y se dirigían directamente a los torniquetes, sosteniendo sus credenciales sobre los sensores de seguridad para obtener acceso. Luego se entrecruzaban hábilmente con los demás, dirigiéndose al elevador correcto que los llevaría a su destino.

Nadie hablaba entre sí; seguían el mismo patrón que seguían todos los días. Era como si existieran reglas no escritas. Nadie trataba de impresionar a nadie, y nadie se comunicaba. Todos estaban concentrados en llegar a sus oficinas, donde se produciría el verdadero trabajo. Era un caos silencioso y una de esas necesidades de la vida que todos aceptan para poder recibir su salario.

Me recordó a las veces cuando era niño y revolvía un hormiguero con un palo solo para ver a las hormigas alborotarse.

Cuando llegué al elevador correcto, me quedé de pie junto con otros formando un grupo silencioso hasta que se abrieron las puertas. Entonces todos nos apretamos adentro, nos volteamos y miramos hacia adelante. Estaba hombro con hombro con desconocidos en una caja revestida de madera color caoba que nos llevaría a donde necesitábamos estar.

Entonces, justo cuando las puertas se estaban cerrando, un joven saltó adentro en el último segundo, haciendo que las puertas se abrieran brevemente. Estaba en el centro, al frente del grupo, pero no se volteó. Se quedó mirando directamente a todos los demás y dijo: "¡Buenos días!". Sonrió e intentó establecer contacto visual. Nadie dijo nada, pero se podía sentir cómo aumentaba la tensión. Había roto las reglas. En medio de un enjambre de anonimato, intentó inyectar un momento humano. Además, siguió mirando en la dirección equivocada todo el tiempo, hasta que salió.

Unos pisos después llegué a mi destino, y varios otros salieron conmigo. Caminé detrás de ellos mientras comentaban lo que había sucedido (ahora que estaban fuera del elevador y hablar estaba "permitido"). "Bueno, eso fue raro", dijo una persona. "Totalmente", dijo otra. "¿Qué estaba intentando hacer?", "¿Te imaginas tener que trabajar con alguien así?".

De camino a casa más tarde ese día, reflexioné sobre el incidente. Sí, fue incómodo. Como mínimo, fue interesante. Pero la conversación que había escuchado fue aún más reveladora. Esas personas no conocían a ese hombre ni sabían nada de él, pero decidieron que no les gustaba. No hablaron con él ni le hicieron preguntas; simplemente observaron algo y emitieron un juicio sobre su carácter.

Y eso se convirtió en su verdad.

Sesgo inconsciente

Todos hacemos eso, ¿no es cierto? Cuando conocemos a alguien, recolectamos datos sobre su apariencia, sus gestos y sus palabras, e inmediatamente decidimos cómo nos sentimos con respecto a esa persona. Creemos que somos objetivos e imparciales, pero "hacemos un perfil" basándonos en las primeras impresiones. A menudo es porque algo que dijo o hizo nos recuerda a otra persona, así que suponemos que es igual a esa persona. Si esa otra persona de nuestro pasado nos cae bien, tendemos a sentirnos bien con esta nueva persona. Si nos recuerda a alguien con quien tuvimos problemas, los sentimientos serán negativos desde el principio.

Por ejemplo, digamos que te asignan a un equipo para un proyecto en el trabajo con personas que no conoces. Una de ellas tiene veinte años más que tú y te recuerda a tu abuelo, que no se lleva bien con la tecnología. Otra tiene veinte años menos que tú y te recuerda a una compañera de fraternidad imprudente que tuviste en la universidad. No sabes nada sobre ellos, pero haces suposiciones de inmediato. Aunque no has hablado con ninguno de los dos, ya tienes un sesgo hacia ellos sin base alguna en los hechos.

Más adelante tal vez hables con esa nueva persona y cambies tu percepción original; sin embargo, hasta que tengamos esas conversaciones y encuentros iniciales, solo contamos con las primeras impresiones, y es parte de la naturaleza humana creer que esas impresiones son ciertas.

¿Es justo tener esas primeras impresiones? En realidad no, porque estamos haciendo suposiciones sin saber nada sobre la persona. Pero es la realidad. Es nuestro punto de partida. La clave no es intentar apagar esas primeras impresiones; se trata de reconocer que existen, y entonces profundizar y ser intencional en aprender más para poder verlos como realmente son.

En un laboratorio, los investigadores comienzan formulando una hipótesis, diciendo: "Estoy asumiendo que X es verdad". Es como su "mejor suposición" basada en sus observaciones. Luego estudian todo lo que pueden para ver si sus observaciones son ciertas o no. Si la evidencia no respalda su hipótesis, descubren que no es verdad y revisan la hipótesis. Entonces siguen probando la hipótesis revisada para ver si es precisa. No esperaban que su hipótesis original fuera cierta; solo era un punto de partida en un viaje para descubrir qué es real.

Poner a prueba la verdad

¿De dónde vienen nuestras primeras impresiones? ¿Y por qué cinco personas diferentes pueden tener cinco primeras impresiones distintas al encontrarse con la misma persona? La diferencia en perspectiva viene de los filtros que esas cinco personas usan al observar algo.

Todos creemos que vemos a las personas como son. Después de todo, estamos mirando directamente a esa persona, y lo que suponemos que es cierto sobre ella parece obvio. Sin embargo, si tú miras a la misma persona y supones algo diferente a lo que yo supongo, tus conclusiones no tienen sentido para mí. Yo pienso que estás equivocado, y tú piensas que yo lo estoy. ¿Qué marca la diferencia?

Cada uno de nosotros es el producto de muchas cosas que nos han moldeado:

- *Nuestro trasfondo*: cómo y dónde fuimos criados y nuestras experiencias de vida.

- *Nuestra cultura*: las personas con las que crecimos; sus creencias, valores y formas de hacer las cosas.
- *Nuestra educación*: lo que hemos aprendido, ya sea formal o informalmente, que nos ha dado las herramientas que usamos para vivir.
- *Nuestro idioma*: las palabras y los patrones de habla que usamos para comunicarnos.
- *Nuestra experiencia*: el conjunto de eventos y situaciones que hemos vivido.

No cuestionamos estas cosas; simplemente las aceptamos como verdaderas. Si las sumas todas, obtienes los filtros que usamos para ver todo y a todos los que conocemos.

Nadie tiene la misma combinación de filtros que otra persona, por eso todos vemos las cosas de manera diferente.

Digamos que tú y yo acabamos de conocernos virtualmente y no sé dónde vives. Dices: "Se supone que hará mucho frío esta semana". Como yo vivo en el sur de California, me imagino saliendo a mi patio donde la temperatura podría ser de cinco grados centígrados *sobre* cero, mientras tú te imaginas cinco grados *bajo* cero. Si sabes que estoy usando el término "frío" para describir una temperatura de cinco grados, pensarás que estoy loco. O si tú dices que va a hacer viento, publicarás una foto en redes sociales con los árboles doblándose por un huracán, mientras yo publico una foto de una silla de jardín caída con un pie de foto que dice: "Reconstruiremos".

La mayoría de las personas nunca considera el impacto de sus filtros. Creen que están viendo algo correctamente, así que la otra persona debe estar viéndolo incorrectamente.

La solución es simple: en lugar de usar nuestras primeras impresiones para criticar a los demás, podemos usarlas para poner a prueba la verdad. Esas primeras impresiones pueden llevarnos a buscar los filtros de la otra persona. ¿Cómo? Comenzamos con una hipótesis, y luego emprendemos una búsqueda para ver si es precisa. A medida que aparece nueva información, cambiamos nuestra hipótesis. ¿El resultado? Podemos tener relaciones reales con personas que son diferentes a nosotros.

Regresemos a nuestro ejemplo. Nuestra hipótesis o primera impresión con la persona mayor: *esta persona tiene demasiados años para ser buena con la tecnología.*

Nuestra búsqueda de datos:

- "Bueno, cuéntame tu historia".
- "¿Qué tipo de trabajos has tenido antes de venir aquí?".
- "Parece que este proyecto tiene muchos requisitos tecnológicos. Soy bastante bueno con la tecnología, ¿y tú?".
- "¿Qué es lo que más te entusiasma de este proyecto?".

Nuestra hipótesis o primera impresión con la persona joven: *esta persona es demasiado joven e inexperta para tomarse este proyecto en serio.*

Nuestra búsqueda de datos:

- "Entonces, ¿cuál ha sido tu experiencia antes de llegar a esta empresa?".
- "¿Qué es lo que más te gusta de trabajar aquí?".
- "¿Por qué crees que te eligieron para este proyecto? En mi caso, creo que fue porque soy bastante bueno con la tecnología. ¿Cuál es tu punto fuerte?".
- "¿Has trabajado antes en este tipo de proyecto?".

Recuerda que está bien tener un sesgo inicial en nuestra primera impresión, siempre que sepamos que es solo un punto de partida. Nuestra exploración podría reforzar esa impresión o tal vez debamos revisarla. Es una hipótesis, y nuestro objetivo es buscar la verdad más allá de nuestras suposiciones iniciales.

Ser intencionales al superar nuestros prejuicios inconscientes es la habilidad fundamental para leer a nuestra audiencia con precisión. Es tentador entrar en una nueva situación y juzgar a las personas solo con mirarlas. Es como si hiciéramos un "triaje" de la sala para decidir quién nos agrada, quién no, y cómo es cada persona realmente según su apariencia y sus modales. Nos inventamos una historia sobre cada persona, creando un mapa mental del lugar. Es como si anotáramos los nombres de todos en una servilleta con una frase descriptiva para cada uno.

Eso es peligroso porque suponemos que esas frases son verdad; y probablemente estemos equivocados. Cuando nos equivocamos, nuestras decisiones sobre relacionarnos con ellos (o no) se basan en información errónea.

Tendríamos más éxito si capturáramos esas primeras impresiones y reconociéramos que son solo un punto de partida. Como un buen científico, ahora tendríamos un objetivo personal para el evento: poner a prueba nuestras hipótesis al hablar con las personas presentes. No tendríamos que preocuparnos por la imagen que proyectamos ni intentar impresionarlos. Estaríamos enfocados en descubrir quiénes son realmente, y tendríamos cosas reales de las que conversar.

Eso no significa que terminaremos siendo mejores amigos de todos. Algunas de nuestras impresiones se reforzarán y otras cambiarán. Nos sentiremos más atraídos por ciertas personas al descubrir sus filtros y su origen, y menos atraídos por otras. Eso está bien, porque esto no se trata de agradar a todos. Se trata de aprender quiénes son sin sentir que tenemos que cambiarlos.

Déjalos ser

Cuando sentimos la necesidad de cambiar a otras personas, nos frustramos. Cuanto más aprendamos a aceptar a las personas como son, más relajados estaremos. Eso no significa que nunca nos irritarán. Incluso nuestros mejores amigos lo hacen de vez en cuando, y aun así seguimos con ellos.

En un entorno laboral, todos tenemos que trabajar con personas diferentes a nosotros: a veces en el sentido positivo, a veces en el negativo. Es normal dejar que una mala actitud se fragüe en silencio sin decir nada, fingiendo para conservar el empleo mientras pensamos que están locos. Pero fingir todo el tiempo es agotador. Requiere mucha energía y genera resentimiento.

Es mucho más fácil sentir curiosidad, buscar entenderlos, y dejarlos ser quienes son.

Cada vez que pensamos: *Nunca seré feliz hasta que esa otra persona cambie*, estamos siendo reactivos en lugar de proactivos y nos estamos preparando para el fracaso. También estamos entregando nuestra felicidad al comportamiento de los demás.

Intentar cambiar a otras personas es un ejercicio inútil. Piensa en cuán difícil es cambiarnos a nosotros mismos; ¿qué nos hace pensar que sería más fácil cambiar a otros? Cuanto más aceptemos las cosas que no podemos controlar, más satisfechos nos sentiremos en cualquier situación.

Leer a tu audiencia va más allá de hacer suposiciones. Se trata de hacer el esfuerzo de conocer la verdad. Conocer realmente a los demás nos permite tomar decisiones precisas sobre cómo tratarlos y trabajar con ellos. No se trata de intentar que todos nos caigan bien. Saber lo que es verdad nos permite tener confianza en quiénes somos para relacionarnos con los demás con integridad.

Conexiones interculturales

La boda de mi hijo fue en Guadalajara, México, hace unos años atrás. Tim conoció a Lucy unos seis años antes, cuando pasó unos meses trabajando en un centro de conferencias cristiano y escuela donde ella era estudiante. Empezaron a tener citas y con el tiempo intentaron conseguir una visa para que ella visitara los Estados Unidos, pero se la negaron repetidamente. Así que construyeron su relación a distancia durante esos seis años. Él la visitaba un par de veces al año, pero ella no podía entrar a los Estados Unidos.

Cuando faltaban dos meses para la boda, mi esposa y yo todavía no la habíamos conocido. Mi esposa, Diane, no quería esperar hasta la ceremonia para conocer a su futura nuera, así que viajó a México para estar con ella. Lucy no hablaba inglés y ella no hablaba español, pero pasaron varios días juntas y encontraron maneras de comunicarse.

Diane y yo intentamos tomar un curso de español digital para aprender lo básico, pero las frases que enseñaban, como "he estado en Chicago" y "¿te gusta el jazz?" tenían poco que ver con las conversaciones típicas. Cuando viajamos a México para la boda, Tim nos ayudó con la interpretación cuando estaba disponible. Pero él tenía una boda que atender, así que prácticamente estábamos solos. Conocíamos a varios de sus amigos bilingües que estaban allí, y ellos también nos facilitaron un poco la vida.

En la recepción nos sentaron con los padres de Lucy, con quienes nos habíamos quedado la noche anterior. Eran personas maravillosas, y ninguno de nosotros hablaba el idioma del otro. Hicimos lo mejor que pudimos, sonriéndonos mucho y diciendo cosas que esperábamos que se entendieran; pero no estaba funcionando.

Incluso sin palabras, conectamos profundamente con ellos; no a través de las palabras sino del corazón. Todos teníamos una cosa en común: el amor por nuestros hijos. Teníamos diferentes idiomas y culturas, pero todos entendíamos la inversión que habíamos hecho que nos llevó a ese día. Años después, Diane y yo aún necesitamos un intérprete para comunicarnos con ellos, pero ya tenemos esa conexión profunda por lo que compartimos (incluidos tres nietos).

A eso se le llama *comunicación intercultural*: el proceso de conectar con alguien que es diferente a ti.

Eso describe a todas las personas que hay en nuestras vidas. Todos son únicos y diferentes a nosotros. Si lo hacemos bien, reconoceremos que toda nuestra vida es un ejercicio de comunicación intercultural.

Naturalmente nos sentimos atraídos por quienes más se parecen a nosotros y no nos interesan aquellos que no. Cuando las diferencias son muy grandes, pasamos a la *incomunicación intercultural*. Cuanto menos tenemos en común, menos esfuerzo hacemos.

La clave es ir más allá de nuestras primeras impresiones de las personas a las que conocemos. Necesitamos reconocer nuestras suposiciones y después convertirlas en una hipótesis inicial. Buscar la verdad, revisar nuestra hipótesis, y entonces relacionarnos con cada persona según quién es de verdad.

Todos tienen algo valioso que aportar. Sé la persona dispuesta a descubrir qué es eso de valor que otros tienen. Interactúa con ellos, explora, y haz algo con eso. Si todos los demás descartan a alguien, sé tú quien no lo haga. Mira más allá de la primera impresión para ver sus habilidades y perspectivas únicas.

Deja que tu prejuicio inconsciente se convierta en tu conexión consciente.

Más que tachar tareas

En la siguiente sección comenzaremos el proceso específico de aprender a leer a tu audiencia con confianza y precisión. En estos tres primeros capítulos hemos establecido la base y hemos aprendido:

1. La perspectiva clave para leer a tu audiencia (desarrollar una mentalidad proactiva).
2. Los beneficios tangibles de un proceso probado (decidir que vale la pena el esfuerzo).
3. La importancia crítica de ver a los demás correctamente (desarrollar relaciones reales).

Antes de seguir leyendo, asegúrate de tener una visión clara de tu motivación. Si quieres dominar el arte de leer a una audiencia e influir en ella, no lo lograrás solamente recogiendo algunos consejos aleatorios y aplicándolos. Eso podría impresionar a algunas personas, pero no proviene de la esencia de quién eres. Adoptar un enfoque de adentro hacia afuera marcará la diferencia.

Hace muchos años atrás, cuando la televisión estaba en sus comienzos, la antigua compañía Zenith Television Corporation tenía un lema muy reconocido: "La calidad se ve antes que el nombre".[1] Eso implicaba que no pondrían un televisor a la venta hasta que cumpliera con sus estándares de calidad, y la gente llegó a confiar en la marca. No buscamos tachar tareas que indiquen que sacamos algunas ideas de un libro y las pusimos en práctica. Buscamos convertirnos en personas de calidad que tengan el carácter para dejar huella en el mundo, personas con una "marca" en la que otros puedan confiar.

Lo mejor de todo es que no tienes que convertirte en alguien que no eres. Puedes ser tú mismo independientemente de cuál sea tu temperamento. Ese es tu "superpoder"; lo que te hará efectivo. No tienes que compararte con nadie más ni actuar como ellos. Solo necesitas ser *tú*. Cada vez que intentas hacer lo que todos hacen, le robas al mundo la contribución que solo tú puedes hacer.

¿Listo para el resto del viaje? ¡Te veo en la próxima sección!

Cómo leer a tu audiencia (para tener confianza)

Hace años atrás tomé mi primer curso de RCP. Mi esposa tenía que hacerlo cada año para mantener su certificación profesional como entrenadora personal, y decidí acompañarla. Pensé que estaría bien saber qué hacer si alguien perdía el conocimiento y su corazón se detenía para poder intervenir y marcar la diferencia. *Está bien estar preparado*, pensé.

"Nos graduamos" al final del día, y el instructor nos dio a cada uno una pequeña tarjeta de repaso con el proceso detallado por si necesitábamos un recordatorio. La puse en la guantera de mi auto junto con los papeles del auto, manuales de instrucciones, tarjetas del seguro, recibos, folletos sobre atracciones locales, y un par de bolsas con aperitivos a medio terminar.

Aunque terminé asistiendo al curso varias veces, nunca llegué a usar lo que había estudiado. Al no ponerlo en práctica, la mayor parte de lo que aprendí desapareció. Si a alguien le pasara algo hoy y yo fuera la única persona presente, no sabría qué hacer (excepto que creo que tiene algo que ver con tararear la canción *Stayin' Alive* mientras haces compresiones en el pecho). Mi primera reacción sería correr a mi auto y comenzar a rebuscar entre toda la basura de la guantera para encontrar esa tarjeta de repaso. Tendría que llevarla hasta la persona que necesita ayuda, y ponerla en el suelo frente a mí mientras intentaba recordar cómo hacer cada paso. Entonces tendría que regresar a buscar mis lentes para leer...

También podría dedicar más tiempo a aprender otras habilidades útiles, pero mi tiempo es limitado. Sin embargo, hay una habilidad que no tiene precio para todos nosotros. Es algo en lo que todos hemos tenido práctica porque lo hacemos casi a diario sin ni siquiera pensarlo. Tenemos las "repeticiones", pero puede que no tengamos la formación para saber cómo hacerlo correctamente. Si aprendemos a hacerlo bien, puede determinar el resultado de cada situación que enfrentemos.

¿Cuál es esa habilidad esencial? *Saber exactamente cómo leer a tu audiencia.*

Entramos en una variedad de situaciones todos los días e inmediatamente intentamos ver qué está ocurriendo. Decidimos qué hacer basándonos en lo que vemos, pero si no hemos aprendido exactamente qué observar y cómo manejarlo, hacemos suposiciones que podrían no ser acertadas. Cuando actuamos basándonos en suposiciones erróneas, obtenemos malos resultados y perdemos la capacidad de generar un impacto real en esas situaciones.

El entrenador de fútbol americano Vince Lombardi dijo: "La práctica no produce perfección. Solo la práctica perfecta produce perfección".[1] Yo podría conseguir un trabajo de ventas donde se me anime a hacer cien llamadas al día a personas al azar, pero si nunca me enseñaron cómo hacer esas llamadas de manera eficaz, solo estaría reforzando una técnica deficiente.

Ahora es momento de entrar en nuestro plan de acción. Esta sección cubrirá los cuatro pasos necesarios para leer a cualquier sala con confianza:

Observa el entorno. Descubre lo que *realmente* está ocurriendo en la sala. Puedes obtener una idea general observando toda la sala con precisión y un cuadro detallado leyendo a las personas como un libro.

Interactúa con las personas. Conversa con curiosidad y propósito. Puedes aprender a conectar y conversar con cualquiera.

Planea tu enfoque. Determina un marco simple para ser efectivo personalizando tu enfoque.

Ejecuta tu estrategia. Pon en práctica tus descubrimientos para influir en la sala aprendiendo cómo desenvolverte en ella.

Antes de comenzar, déjame reforzar dos hechos:

1. Tú puedes hacerlo.
2. Vale la pena el esfuerzo.

No importa si eres introvertido o extrovertido, joven o mayor, con experiencia o principiante. Los pasos son simples y secuenciales. Domínalos, y podrás responder de la manera que sea más adecuada para tu temperamento. Ganarás *confianza*, lo cual te beneficia a ti; y también ganarás *competencia*, lo cual beneficia a los demás. No tendrás que convertirte en alguien que no eres; podrás entrar en cada sala con la confianza de saber exactamente qué hacer.

¿Listo para comenzar el viaje? Demos juntos el primer paso.

CAPÍTULO 5

Observa el entorno, parte 1

Mira el cuadro completo

Cuando realmente prestas atención, todo es tu maestro.

Anónimo

La mayoría de las personas tienen una visión de túnel cuando entran por primera vez a una sala. No están pensando proactivamente en el panorama general, sino que se enfocan en lo primero que capta su atención, que generalmente es la mayor amenaza o lo más emocionante que está ocurriendo. Alguien que se siente incómodo se fijará en las cosas que refuerzan su incertidumbre y se preguntará cómo va a manejarlas. Alguien que tiene más confianza estará buscando la mejor oportunidad para lograr que algo suceda.

Si queremos leer a nuestra audiencia de manera eficaz, tenemos que aprender a evitar esta visión de túnel. En cambio, necesitamos aprender a dar un paso atrás y enfocarnos en el panorama general antes de centrarnos en los detalles.

Comienza por volverte invisible

Puede parecer poco natural explorar el panorama general cuando entras por primera vez a una sala. Están ocurriendo muchas cosas, y probablemente te fijarás en lo que está justo frente a ti. Puede ser una persona que reconoces o un grupo de personas hablando que no esperarías ver juntas. Podría ser lo que hay en la mesa de comida, especialmente si tiene una presentación inusual. O alguien podría acercarse a conversar contigo.

Al mismo tiempo, podrías preguntarte cómo estás siendo percibido: qué piensan los demás de ti, si te están criticando en silencio, o si notan que estás incómodo entre una multitud (alerta de *spoiler*: probablemente no están pensando en ti en absoluto. Y si lo están, probablemente solo se preguntan qué estás pensando tú sobre ellos).

Cuando sucede cualquiera de esas cosas, has cortocircuitado tu capacidad de leer a tu audiencia. Te has saltado el paso importante de explorar y has pasado directamente al segundo paso de interactuar. No puedes captar el panorama general si solo estás enfocado en los detalles. A esto a veces se le llama "conciencia situacional": ser consciente de quién está en la sala, cuál es el entorno, y cómo están interactuando las personas. Eso proporciona la base para definir tu estrategia en ese entorno.

No puedes leer a tu audiencia mientras estás conversando. Observar no toma mucho tiempo, y es simple y no amenazante. Si nada más entrar escuchas palabras saliendo de tu boca, es una señal de que te saltaste el primer paso.

Observar sería mucho más fácil si pudieras mirar desde una sala contigua a través de un espejo unidireccional. Obviamente, eso no suele ser una opción, pero es fácil leer a tu audiencia cuando no estás participando en las dinámicas de la sala. Puedes ser totalmente objetivo porque no tienes las distracciones de la interacción. Simplemente puedes observar, captando detalles como los siguientes:

- *Lenguaje corporal.* Observa la postura y las expresiones faciales de las personas. ¿La gente parece relajada o tensa?
- *Dinámicas grupales.* ¿Quién está conectando con quién? ¿Se están formando pequeños grupos? ¿Cuántas personas están solas?
- *Tono.* ¿Las interacciones parecen enérgicas o apagadas?
- *Entorno.* ¿Cómo está afectando la distribución del espacio a las conversaciones? ¿Las personas están en pequeños grupos o dispersas? Observa la iluminación, la música y otros ruidos en la sala; ¿qué tipo de ambiente proporcionan?
- *Clima emocional.* ¿La sala se siente tensa o animada?
- *Personalidades dominantes.* ¿Quiénes parecen ser las personas más influyentes en la sala?

Cuando hayas tenido la oportunidad de entender lo que está ocurriendo en la sala en su conjunto, te será mucho más fácil formar parte de ella. No solo estarás intentando que cada conversación funcione; podrás "moverte" por la sala basándote en tu comprensión clara de las dinámicas que observaste.

Al observar primero, tendrás una base para conversaciones más satisfactorias. Disfrutarás más al conectar con los demás, y las personas disfrutarán más al estar contigo. No estarás solo fingiendo sentirte cómodo; te *sentirás* cómodo. Eso elimina la presión de tener que ser más extrovertido y sociable de lo que eres, porque no tienes que actuar. Puedes ser completamente tú mismo, lo cual resulta muy atractivo para los demás.

Una razón importante para leer a tu audiencia es poder conectarnos mutuamente y compartir la misma experiencia. Esa conexión está ligada a una sensación de felicidad y pertenencia. Captar el panorama general desde el principio te prepara para ser tú mismo en la conversación porque puedes enfocarte hacia afuera en lugar de solo hacia adentro.

"Está bien", dices. "Lo entiendo. Pero no hay un espejo unidireccional en la mayoría de las salas a las que tengo que entrar. Tengo que llegar y entrar. ¿Cómo puedo mantenerme lo suficientemente invisible para observar cuando están ocurriendo tantas cosas?".

Buena pregunta. Aquí tienes algunas ideas para considerar.

Comienza desde afuera

Busca una posición afuera de la sala que no sea muy obvia desde donde puedas observar a las personas acercarse a la puerta de entrada. Fíjate en sus expresiones faciales y lenguaje corporal antes de entrar. He descubierto que las expresiones y la postura de casi la mitad de las personas que entran a una sala tienen un rastro de inseguridad, y toman una respiración profunda antes de abrir la puerta. Inmediatamente, una amplia sonrisa aparece en su rostro, su postura mejora, y entran con energía y entusiasmo que parece haber salido de la nada. Es como si hubieran activado el "interruptor social" al pasar a la acción.

Más adelante aprenderemos por qué no podemos hacer muchas suposiciones sobre las personas solo con uno o dos comportamientos que observamos. Pero, en general, haz tu primera observación fuera de la sala para tener una idea de cómo se sienten las personas justo antes de entrar.

Consejo: si es difícil observar discretamente sin que la gente te vea y te hable, siéntate y pon el teléfono en tu oído. No tienes que hablar; eso solo evitará que las personas se acerquen a interactuar contigo tan fácilmente.

Entra con un plan

Después de haber observado cómo se comportan las personas justo antes de entrar a una situación, es momento de entrar a la sala con una sensación de misión. Evita conversar (por ahora) y recolecta la mayor cantidad de información posible para captar el panorama general.

No importa a qué tipo de sala estés entrando. Solo ajustarás el enfoque según la situación.

- Si estás asistiendo a una conferencia de empresa, usa el mismo enfoque en cualquier evento social como se describe a continuación.
- Si vas a una entrevista de trabajo, lee a tu audiencia por adelantado haciendo tu investigación. Averigua todo lo que puedas sobre la empresa, la persona para la que trabajarás, la persona con la que tendrás la entrevista inicial (antecedentes, experiencia, intereses, etc.), y cualquier otra cosa que puedas descubrir. Cuando llegues, entra en modo observación tan pronto como entres al edificio, fijándote en las actitudes, posturas e interacciones de las personas. Escucha sus conversaciones lo suficiente como para tener una idea de cómo es el ambiente laboral. Cuando entres a la entrevista, observa rápidamente todo lo que puedas que te dé pistas sobre las prioridades e intereses de esa persona.
- Si asistes a una reunión semanal de tu departamento, pide la agenda con anticipación y estúdiala. Probablemente serás el único que la lea, así que eso te dará una ventaja en la conversación.
- Si vas a hacer una presentación a un cliente, haz la misma investigación que harías para una entrevista

de trabajo. Intenta descubrir con quiénes más ha trabajado y luego conecta con él o ella para conocer las prioridades de ese cliente.

- Si vas a dar un discurso, no solo prepares tu presentación. Dedica el mismo tiempo a conocer quién estará presente y cuáles son sus prioridades, intereses y necesidades, como el que dedicas al tema.
- Si tienes una reunión semanal individual con tu jefe, mantén la curiosidad en los días previos sobre las cosas en las que está involucrado: qué lo está estresando, en qué grandes prioridades está enfocado esta semana, y qué tiene pendiente que le causa preocupación. Leer a tu audiencia de esa manera te da ventaja porque puedes prepararte para ofrecer empatía e incluso soluciones para los problemas que enfrenta.
- En una reunión más grande, haz todo lo posible por observar tanto como puedas desde el principio. Entra a la sala con la intención de observar, pero mantente en movimiento. Si alguien te llama, solo sigue caminando y di: "Hola, qué gusto verte. Regreso en un rato". Eso evita que tengas que detenerte a charlar solo porque alguien lo pidió antes de que estés listo. La ventaja adicional es que en este entorno la mayoría de las personas simplemente están siendo sociales e intentando entablar conversación. Te están invitando a unirte a su grupo, pero probablemente ni siquiera se acordarán si nunca regresas con ellos. Así podrás elegir otro momento para conectar si lo deseas más adelante en el evento.
- Sé intencional con tus observaciones, fijándote en todo lo que ocurre a tu alrededor con precisión. Usa tu intuición para percibir lo que sucede en el ambiente. ¿Es

formal o informal? ¿Cómo va vestida la gente? ¿Parece un entorno positivo o negativo?
- Mantén un ojo en las conversaciones que están terminando. Observa la expresión facial de cada persona cuando se alejan para ver si reflejan satisfacción por la conexión o alivio porque terminó.
- Busca cosas positivas que estén ocurriendo en la sala. Si ves a un alto directivo en una conversación grupal, fíjate si está sonriendo. Observa con quién está; ¿está con personas del mismo nivel en la organización o está interactuando con empleados de todo tipo?
- Observa el orden jerárquico. Si el jefe entra a la sala, observa la postura y las expresiones faciales de todos para tener una idea de lo que sienten por esa persona
- Busca personas que hablan pero no escuchan, y otras que escuchan pero rara vez hablan.

No tienes que recordar todo lo que ves. Solo concéntrate en recolectar información en este momento y evita las conversaciones. No tomará mucho tiempo; solo asegúrate de que suceda.

¿Qué hay para desayunar?

Si hay una mesa con comida, es natural acercarse rápidamente para ver qué hay disponible. En la medida de lo posible, trata de no agarrar un plato hasta que hayas hecho tus observaciones iniciales sobre el lugar.

Una vez que decidas que estás listo para acercarte a esa mesa, intenta no iniciar conversaciones mientras sirves tu plato. No puedes dar la mano, y es difícil tener una buena conexión cuando estás pasando por diferentes lados de la mesa. Llena tu plato rápidamente antes de dirigirte hacia una persona o grupo con el que quieras conectar.

Consejo avanzado: si vas a sentarte en una mesa a comer después de agarrar tu comida, adelante, llena tu plato. Si vas a estar de pie mientras hablas con otras personas, comienza con alimentos que puedas tomar con los dedos para no tener que maniobrar sosteniendo un plato y un tenedor mientras conversas. El objetivo es intentar reducir la fricción conversacional tanto como sea posible, así que guarda la comida completa para después de haber hecho conexiones.

Confía en tu intuición

No debería tomarte mucho tiempo hacer estas observaciones iniciales. Recuerda: aún no estás entrando en detalles minuciosos. Estás tratando de dar un paso atrás y captar el panorama general de lo que está ocurriendo. Es algo que la mayoría de la gente ni siquiera considera, así que te dará una gran ventaja al participar en el evento. Te tomaste el tiempo de ser curioso, y sentirás un nivel completamente diferente de confianza porque has estado prestando atención. Eso influirá en tus decisiones de aquí en adelante.

Aparta un par de minutos lo antes posible para hacer una revisión mental rápida de lo que has visto, o incluso haz unos cuantos apuntes. Escríbelos como un párrafo o en forma de viñetas: una impresión general de la dinámica. Es simplemente descripción de cómo ves el panorama general. No tiene que ser perfecta, y por supuesto que no será absolutamente precisa. Estás formando tu hipótesis inicial, la cual sabes que probablemente cambiará a medida que obtengas más información. Como mínimo, estarás listo para poner a prueba esa hipótesis al pasar a la segunda parte de observar el entorno: *observar los pequeños detalles*.

CAPÍTULO 6

Observa el entorno, parte 2

Mira los detalles

Era imposible mantener una conversación; todo el mundo estaba hablando demasiado.

Yogi Berra

Mi cafetería habitual estaba llena, pero encontré una mesa cerca de una ventana para comenzar a escribir. Después de acomodarme y ponerme los audífonos con cancelación de ruido, hice un escaneo rápido del lugar. Se ha vuelto un hábito desde que comencé a escribir sobre "cómo leer a tu audiencia", y siempre es interesante captar lo que está ocurriendo cuando no puedo oír las conversaciones.

La vista general parecía bastante normal e incluía a algunos de los clientes habituales que se sentaban en los mismos lugares cada día. Algunas personas estaban relajadas, sonriendo y disfrutando su conversación. Otras tenían sus computadoras abiertas y papeles esparcidos mientras trabajaban en diversos proyectos, y un hombre hablaba con su pantalla, claramente en una videollamada (eso espero). Las mesas junto a una pared de ventanas sin cortinas estaban vacías por el brillo del sol de la mañana. En general, era un ambiente cómodo y sin dramas, por eso la gente iba allí.

Había una excepción en un par de mesas en el centro del local. Una pareja joven estaba sentada de un lado de la primera mesa, frente a un vendedor con mucha energía. Los dos hijos pequeños de la pareja estaban en la mesa detrás de ellos, jugando con un par de tabletas.

Como no podía oír la conversación, solo podía observar su lenguaje corporal y sus expresiones faciales. Era la oportunidad perfecta para pasar al siguiente nivel de observación y estudiar "los detalles", es decir, las personas individuales en lugar de la sala como conjunto.

Ya estaban en su mesa cuando llegué y seguían allí cuando me fui dos horas después. El vendedor hablaba sin parar, mientras la pareja estaba sentaba mirándolo fijamente, casi sin expresión. Parecía que escuchaban atentamente porque mantenían contacto visual constante. El hombre fruncía el ceño todo el tiempo, como si estuviera preocupado por algo. La mujer tenía una mirada vacía que casi nunca cambiaba. Los tres tenían hojas iguales frente a ellos, llenas de datos y números, y el vendedor seguía escribiendo números rápidamente, rodeándolos, subrayando y dibujando flechas para reforzar su punto.

De vez en cuando, el vendedor contaba lo que debía ser una historia chistosa, porque la pareja se reía educadamente. Noté que se reían con la boca, pero sus ojos no se movían. He aprendido que las sonrisas y risas reales siempre hacen que los ojos se arruguen, lo cual es una forma rápida de saber si una reacción es auténtica o fingida. Los suyos no lo hacían. Además, su reacción terminaba de golpe en lugar de ir disminuyendo lentamente, regresando de inmediato a sus miradas vacías.

No sé de qué trataba la conversación ni qué se estaba presentando, pero, incluso sin oír una palabra, podía percibir lo que la pareja sentía. No solo estaba observando; me estaba identificando con sus emociones. He tenido los mismos sentimientos a lo largo de los años en presentaciones de tiempo compartido, en ciertas oportunidades de *marketing* multinivel y con vendedores de mejoras para el hogar que intentaban ofrecerme una costosa actualización que no quería. Tenían presentaciones tan lógicas y persuasivas que era difícil pensar con claridad en el momento. Lo único que yo quería era salir de allí, pero no sabía cómo hacerlo con cortesía.

Lo fascinante era que podía saber exactamente lo que pasaba sin oír una palabra. Podía hacer lo mismo con cualquier otra persona del lugar si quería. No sería totalmente preciso, pero al añadir "los detalles" al cuadro completo, podía leer a la audiencia con mayor precisión.

¿Por qué? Porque somos humanos. Sabemos lo que sentimos como humanos en distintas situaciones, lo cual nos permite reconocerlo en los demás. Incluso sin palabras, podemos percibir lo que está ocurriendo con las personas a nuestro alrededor.

Escuchar lo que no se dice

Alguien dijo que la mejor manera de tomar la temperatura del lugar es tomar la temperatura de las personas que están en él. En el primer nivel de observación del entorno, miramos el lugar como un todo. En este segundo paso, nos enfocamos en los individuos. Todavía no interactuamos con ellos ni escuchamos sus palabras en la mayoría de los casos; estamos recolectando datos al observar sus conductas no verbales.

Este es un concepto complicado porque podemos ver a alguien hacer un gesto o una expresión facial y suponer algo sobre esa persona, pero estar completamente equivocados.

Hace años atrás estaba dando una clase a jóvenes adultos en nuestra iglesia un domingo. Una mujer que conocía escuchaba con atención pero tenía un gesto de desaprobación en la cara todo el tiempo que yo hablaba. Fruncía el ceño profundamente y a menudo bajaba la vista mientras movía la cabeza de un lado a otro como diciendo: "No. No lo creo".

Fue difícil continuar con alguien que parecía ser tan negativa. Seguí adelante, con miedo a que todos los demás se sintieran igual pero no lo mostraran. La sesión me pareció interminable, y yo intentaba mantener una actitud positiva mientras recibía críticas tan negativas.

Finalmente, terminó la sesión. Tenía que saber qué sucedía, así que me acerqué a ella. "Oye, solo quería preguntarte algo. Parecía que estabas en desacuerdo con algunas de las cosas que decía. ¿Es así?".

Ella se mostró sorprendida. "En absoluto", dijo. "¡Me pareció increíble! Había muchas ideas que no había considerado, y solo estaba absorbiéndolo todo".

"¿En serio?", dije. "Estuviste frunciendo el ceño todo el tiempo y moviendo la cabeza como si no estuvieras de acuerdo".

"No tenía ni idea", dijo. "Sé que, cuando me concentro mucho, arrugo la cara para prestar atención, y me han dicho que se ve algo intimidante". En cuanto a mover la cabeza, había desarrollado el hábito de hacerlo cada vez que escuchaba información nueva, casi como diciendo: "No puedo creer que nunca haya pensado en eso".

Si no le hubiera preguntado, nunca lo habría sabido y tal vez habría seguido sintiéndome intimidado cada vez que ella estuviera en una de mis presentaciones.

La comunicación no verbal puede decirnos mucho, pero no es tan infalible como nos han hecho creer.

Cuando comencé a investigar sobre la comunicación no verbal para este capítulo, revisé distintos libros populares, artículos y estudios sobre lenguaje corporal. Cada uno prometía que el lector podría tener un éxito enorme en todas sus relaciones si sabía cómo "leer" el lenguaje corporal de otras personas. Los libros estaban llenos de imágenes estáticas de personas mostrando diversas expresiones faciales, gestos, movimientos oculares y posturas, describiendo exactamente qué significaba cada uno.

Todo comenzó con un estudio realizado por el Dr. Alfred Mehrabian, un profesor universitario que escribió un artículo hace unos cuarenta años atrás y que ha sido citado, y mal citado, desde entonces. Se dice que afirmó que el 7 por ciento de nuestra comunicación proviene de las palabras que decimos, el 38 por ciento de nuestro tono de voz, y el 55 por ciento de nuestro lenguaje corporal. Si solo una fracción tan pequeña de la comprensión viene de las palabras, tendría sentido convertirse en experto en lenguaje corporal.

El problema es que esto saca completamente de contexto lo que él dijo, aunque todavía se cita como verdad hoy en día. El *coach* de comunicación Nick Morgan resume la enseñanza real de Mehrabian de forma simple: "Obtenemos la mayoría de nuestras pistas sobre la intención emocional detrás de las palabras de una persona a partir de fuentes no verbales. Y cuando las dos están en conflicto, siempre creemos en la no verbal".[1]

Las fuentes que consulté hacían afirmaciones seguras sobre distintas señales no verbales, dando a entender que podemos saber exactamente lo que una persona piensa y siente cuando las muestra. Algunos ejemplos incluyen cosas como:

- Cuando las personas te miran directamente, están participando. Si desvían la mirada, están aburridas, desinteresadas o mintiendo.
- Si miran hacia abajo, están nerviosas.

- Si parpadean más de lo normal, están estresadas o no son sinceras (especialmente si también se tocan la cara).
- Si miran hacia arriba y a la derecha, están mintiendo. Si miran hacia arriba y a la izquierda, están diciendo la verdad.
- Sus pies apuntan hacia lo que quieren. Si apuntan hacia ti, están participando. Si apuntan hacia la puerta, quieren escapar.

Aunque esas conclusiones podrían ser ciertas, esos mismos movimientos también podrían implicar otras cosas. Por ejemplo, cada vez que veo a alguien con los brazos cruzados en uno de mis seminarios, puede parecer natural suponer que está a la defensiva o se muestra resistente, pero la mayoría de las veces simplemente tiene frío.

Es peligroso hacer suposiciones sobre una persona basándonos en un solo gesto o expresión facial. En lugar de eso, debemos buscar lo que el autor Gerard Nierenberg llama "grupos de gestos": la combinación de múltiples gestos para obtener una imagen completa.[2]

No haríamos suposiciones sobre el contenido de un libro solo por leer una palabra. De la misma manera, no podemos leer a una persona basándonos en un solo gesto. "Cada gesto que una persona hace es como una sola palabra en un párrafo", escribe Nierenberg. "Las palabras deben estructurarse en unidades, o 'frases', que expresen pensamientos completos". Él sugiere que usar grupos de gestos es como escuchar a alguien decir una frase completa en lugar de una sola palabra para descubrir su significado.[3]

Cuando leemos un libro, leemos muchas palabras juntas. Cuando leemos a una persona, necesitamos tener en cuenta muchos gestos y expresiones faciales para saber lo que está pensando, en lugar de suponer que una sola expresión es toda la verdad.

¿Qué hay de nuevo en la investigación sobre el lenguaje corporal?

Mientras comenzaba a leer esos libros y artículos sobre lenguaje corporal, me sentí abrumado por la cantidad de pequeños detalles que al parecer tendría que memorizar para leer bien a las personas. Esas fuentes garantizaban el éxito en las relaciones, pero solo si dominaba esos detalles minuciosos.

Al mismo tiempo, la mayoría de ellos contenía la misma información sobre lo que significaba cada gesto o expresión. Algunos de los libros tenían décadas de antigüedad mientras que otros eran mucho más recientes, pero sus hallazgos eran sorprendentemente similares. Pensé: *¿No hay nada nuevo?* Me preguntaba si la gente ha usado el mismo lenguaje corporal a lo largo de las generaciones. ¿Una ceja levantada significaba lo mismo en el siglo XIX que ahora?

En lugar de reproducir el mismo contenido que los libros populares, decidí explorar estudios de investigación más actuales para ver qué podemos aprender que sea simple y aplicable. Esto es lo más reciente que encontré en cada una de las categorías principales.

Lenguaje corporal

Como mencionamos antes, necesitamos palabras y también lenguaje corporal para saber lo que una persona está pensando. Pero si hay una desconexión, normalmente gana el lenguaje corporal. La gente puede intentar usar sus palabras y su tono de voz para convencernos de algo, pero el lenguaje corporal es más difícil de fingir.

Las series de televisión nos hacen creer que a las personas que mienten se les nota que están nerviosas. En realidad no hay evidencia de eso. Las personas que dicen la verdad pueden estar igual de nerviosas, dependiendo de la situación. Ambos pueden mostrar signos de ansiedad, pero eso no confirma quién es honesto y quién no.

En ese caso, sus palabras podrían delatarlos. Cuando las personas mienten, intentan mantener las cosas simples y sin muchos detalles. Saben que si dicen demasiado, más tarde será más difícil recordar exactamente lo que dijeron. Los que dicen la verdad suelen ser más directos y están dispuestos a proporcionar información detallada, sabiendo que no tendrán problemas si alguien comprueba esos detalles (por eso Mark Twain dijo: "Si dices la verdad, no tienes que recordar nada").[4]

En un contexto grupal, una persona segura de sí misma tiende a pararse más erguida y a mantener la cabeza en alto. Usa gestos más amplios al hablar. Una persona con menos confianza tiende a encorvarse y a bajar la cabeza. Cuando alguien está molesto o enojado, todo su cuerpo se tensa.

Reconocer el impacto del lenguaje corporal es valioso para la manera en que actuamos en cualquier entorno. En una entrevista de trabajo, por ejemplo, es importante saber responder con precisión y vestir de forma profesional; pero, si no proyectas confianza, probablemente no consigas el empleo.

Eso representa un nuevo desafío para los jóvenes que han crecido comunicándose principalmente por dispositivos digitales en lugar de hacerlo cara a cara. Muchos no han tenido años de práctica con conversaciones presenciales, por lo que su lenguaje corporal revela su falta de experiencia.

En resumen: vale la pena entender los aspectos básicos del lenguaje corporal no solo para leer a tu audiencia sino también para saber cómo destacar en ese entorno.

Expresiones faciales

La principal manera en que mostramos lo que sentimos y percibimos lo que otros sienten es a través de las expresiones faciales. Cuando llegó la COVID-19 todos llevaban mascarilla y de repente solo podíamos ver los ojos de las personas.

Una de las cosas que más se vio afectada fue la empatía: la capacidad de percibir las emociones de otra persona e imaginar lo que podría estar pensando o sintiendo. Hablaremos más sobre la empatía en el capítulo 17, pero el punto aquí es que las expresiones faciales son la manera principal en que ocurre la empatía. Si las cubrimos con una mascarilla, todo se vuelve mucho más difícil.

Un artículo reciente que revisa libros anteriores sobre lenguaje corporal encontró estudios que identificaban entre veinte mil y doscientas cincuenta mil expresiones faciales diferentes. Afortunadamente, no necesitamos distinguir tantas sutilezas.[5]

De hecho, el hallazgo más interesante de este artículo es que las personas, independientemente de la cultura a la que pertenecen, muestran las mismas expresiones musculares faciales ante las mismas emociones. Podríamos pensar que las expresiones se aprenden del entorno en el que una persona creció, pero parecen ser innatas desde el punto de vista biológico. Las personas ciegas de nacimiento usan las mismas expresiones faciales al sentir las mismas emociones. Si están felices o se enojan, sus expresiones coinciden con las de las personas que sí pueden ver, aunque nunca las hayan observado.

Otro hallazgo relativamente reciente habla de las microexpresiones. Cuando una persona tiene cualquier tipo de reacción durante una conversación, podría elegir la expresión facial que le parezca adecuada para mostrar a los demás. Pero hay videos en cámara lenta que han revelado que, antes de que aparezca esa expresión elegida, puede haber una microexpresión de una fracción de segundo que muestra su reacción genuina antes de pasar a la elegida. La mayoría de las personas nunca las nota, pero pueden detectarse cuando sabes qué buscar. Esas expresiones diminutas incluyen cosas como una leve sonrisa o mueca, un movimiento minúsculo de las cejas, o un pequeño movimiento ocular hacia un lado.

¿La lección? Puedes memorizar lo que podrían significar distintas expresiones faciales, pero es más valioso observarlas con intención. En lugar de solo percibirlas, búscalas activamente.

Manos y gestos

Cuando yo era adolescente, nadie tenía teléfonos celulares y todos llevaban reloj de pulsera. Una de nuestras bromas en bodas o eventos sociales era fijarnos en qué muñeca llevaba alguien el reloj, y luego ver si sostenía su bebida con esa mano. Si era así, le preguntábamos: "¿Sabes qué hora es?". Con frecuencia, giraban la mano hacia sí mismos para mirar la hora y se derramaban la bebida encima en el proceso.

Si alguna vez has visto a alguien hablar sin hacer ningún gesto, sabes que se ve totalmente antinatural. Por lo general, es porque alguien le dijo que usaba demasiado las manos al hablar y ahora lo evita. Se ve (y se siente) extraño porque los gestos son una parte muy natural de la conversación.

Los gestos son movimientos espontáneos de las manos que las personas hacen mientras hablan, y casi siempre son inconscientes. Son difíciles de controlar o cambiar a propósito porque estamos demasiado ocupados hablando y no podemos hacer ambas cosas bien al mismo tiempo. Cuando escuchamos a alguien hablar, normalmente percibimos sus gestos justo por debajo del nivel consciente. Esos gestos ayudan a reforzar lo que esa persona está diciendo, por lo que forman parte de cómo los entendemos, aunque no los percibimos realmente.

Es hora de prestar atención. La próxima vez que estés en una sala llena de personas conversando, mantente desconectado el tiempo suficiente para fijarte intencionalmente en los gestos de las personas. Intenta observar a algunas personas al otro lado de la sala, donde puedas ver sus gestos pero no escuchar lo que dicen. Mira a las personas con quienes están hablando y nota cómo gesticulan cuando les toca hablar. Es fascinante de observar porque los gestos normalmente no están en nuestro radar.

Luego acércate para poder escuchar también sus palabras, y fíjate si los gestos coinciden con lo que están diciendo. Como la mayoría de los gestos son involuntarios, es un gran ejercicio para aprender lo que hace la mayoría de la gente. Cuando hayas practicado esto, serás mucho más consciente de tus propios gestos al hablar (si es posible, pídele a un amigo que te grabe discretamente cuando estés hablando con alguien en una reunión para que puedas verlo después y ver si eres consistente).

Ojos

Nuestros ojos juegan un papel fundamental en la comunicación. Cuando las personas se miran a los ojos, se vuelven más conscientes de sí mismas y de la otra persona. Eso tiende a crear enfoque, y todo lo que nos rodea se desvanece. Después de todo, pasamos la mayor parte del día sin que nadie nos mire. Cuando alguien lo hace, capta nuestra atención.

Las investigaciones han demostrado que es más probable que creamos a las personas que mantienen contacto visual directo que a aquellas que desvían la mirada. En un estudio, los investigadores mostraron videos de alguien haciendo una afirmación que los espectadores no sabían si era cierta, como "los perros policía no pueden distinguir entre gemelos idénticos mediante el olfato". Cuando la persona miraba directamente a la cámara, la afirmación se aceptaba como verdadera mucho más a menudo que en otro video donde miraba ligeramente hacia un lado. Si el espectador no estaba de acuerdo con la afirmación, tardaba mucho más en decirlo cuando se había presentado con contacto visual directo.[6]

Cuando las personas intentan forzar cierto tipo de contacto visual, generalmente resulta artificial y poco natural. En una sesión que enseñé sobre habilidades de presentación, cada estudiante preparó y dio un discurso al resto de la clase, que luego criticaría su presentación.

Un estudiante tenía buen contenido, pero miraba fijamente a cada persona durante treinta o cuarenta segundos sin romper el contacto visual. Cuando comenzó la crítica, nadie recordaba nada de lo que había dicho. Todo lo que retuvieron fue la mirada intimidante. "Amigo, ¿por qué me mirabas tanto tiempo? Fue muy incómodo".

Su respuesta: "¿De verdad? Escuché por ahí que el contacto visual es importante, así que he trabajado mucho para mirar directamente a los ojos de alguien en una conversación y no apartar la vista ni un segundo".

Eso no es natural. Las conversaciones más genuinas y cómodas implican un intercambio de palabras, gestos y contacto visual. Varía según la cultura, pero los estadounidenses tienden a mantener la mirada entre siete y diez segundos, y un poco más cuando están escuchando.

El resumen sobre el lenguaje corporal

Se necesitan más que palabras para comunicarse. Contrariamente a lo que muchos autores han sugerido, el lenguaje corporal por sí solo no cuenta toda la historia. Pero cuando estás aprendiendo a leer a tu audiencia, aprendes mucho al fijarte en lo que una persona hace incluso antes de oír sus palabras. Entonces, cuando combines el lenguaje verbal y no verbal, serás mucho más consciente del conjunto de su comunicación.

Presta atención a las expresiones faciales, gestos, postura y lenguaje corporal de las personas. Ser intencional en la observación te ayuda a interpretar los sentimientos y las reacciones que hay detrás de sus palabras.

Domina el arte de observar y podrás leer a alguien como si fuera un libro.

CAPÍTULO 7

Interactúa con la gente, parte 1

Conecta con cualquier persona

> Hacer contactos no es hacer *networking*. Hacer *networking* significa sembrar relaciones.
>
> Anónimo

Si le preguntas a casi cualquier persona "¿qué haces para divertirte en tu tiempo libre?", rara vez escucharás como respuesta "hacer *networking*".

La mayoría de nosotros sabemos que construir relaciones desempeña un papel importante para tener éxito y avanzar en nuestras carreras profesionales, pero hay un estigma en el proceso que desanima a la mayoría. Durante años, los eventos de *networking* consistieron en personas que no se conocían reuniéndose en una sala para conocer a otras que tal vez pudieran ayudarles en su carrera. Todos se colocan una sonrisa artificial y fingen ser más extrovertidos de lo que realmente son, tratando de ver quién impresiona más. Intercambian tarjetas de presentación y prometen mantenerse en contacto, pero nunca vuelven a mirar esas tarjetas.

Ese tipo de escenario de *networking* casi siempre es ineficaz. Hacemos negocios con personas en quienes confiamos, y es poco frecuente (si no imposible) confiar en alguien a quien acabas de conocer y que está moldeando su imagen para impresionarte. Todos comparan su nivel de comodidad con el de los demás, y todos se sienten inferiores a las personas excesivamente amigables de la sala. Se van del evento habiendo hecho lo que se esperaba, pero sin la sensación de haberle encontrado ningún valor real. Lo hacen porque les han dicho que el *networking* es el secreto para conseguir lo que quieren en su vida profesional. Quieren tener éxito profesional, así que hacen *networking* aunque no quieran hacerlo.

En otras palabras, todo se siente falso. Es casi como encontrarse con un grupo de actores que siempre están interpretando un papel en lugar de ser ellos mismos. Es interesante, y todos te tratan como su nuevo mejor amigo, pero el aire está lleno de halagos en lugar de sinceridad.

No importa si eres introvertido o extrovertido; nadie espera construir relaciones reales con personas que están fingiendo. Entonces, ¿cómo podemos dejar de actuar y establecer conexiones reales?

Cómo acercarse a las personas

En los dos capítulos anteriores hicimos nuestro trabajo previo para leer a tu audiencia: *observar*. Este primer paso no toma mucho tiempo, pero casi todos lo omiten y saltan directamente a la conversación. Tomar tiempo para ver qué está sucediendo es una gran ventaja. Te permite captar el tono de la sala y tener una idea de estrategia para tu segundo paso: *interactuar*.

En este capítulo hablaremos de cómo acercarnos a las personas intencionalmente. Ya sea que estemos en un entorno nuevo o en un grupo familiar, podemos decidir con quién hablar en lugar de ir directamente hacia la persona más cómoda. Entonces, en el siguiente capítulo hablaremos de cómo iniciar una conversación y mantenerla (el mismo proceso se aplica a los espacios digitales a los que entras, y hablaremos de eso en un capítulo futuro. Por ahora, hablamos de eventos presenciales).

Gran parte de nuestra inseguridad al acercarnos a otros proviene de lo que nos decimos a nosotros mismos. Un investigador dijo: "Aunque las personas obtienen beneficios importantes de la conexión social, a menudo se abstienen de hablar con desconocidos porque tienen expectativas pesimistas sobre cómo irán esas conversaciones (por ejemplo, creen que serán rechazados o que no sabrán qué decir)".[1]

Te conviene tener presentes seis ideas simples al considerar cómo vas a acercarte a alguien.

Primero, llega temprano. No importa cuál sea el evento, te sentirás mucho menos estresado si estás preparado. Eso significa que apartaste tiempo para observar lo que está ocurriendo antes de interactuar con las personas, y luego planear tu estrategia sobre a quién acercarte y cómo hacerlo.

Segundo, dirige tu enfoque hacia afuera en lugar de hacia adentro. Si estás enfocado en tu ansiedad y en cómo te sientes, estarás preocupado por cómo estás siendo percibido en lugar de pensar en cómo vas a conectar. Recuérdate a ti mismo que tu propósito no es caer bien a la gente; es conectar de manera genuina con personas que te gustan. Con esa mentalidad, estarás demasiado ocupado buscando conversaciones agradables como para preocuparte por la opinión de los demás (además, si te enfocas en otros, es mucho más probable que tengan una opinión positiva de ti).

Tercero, da el primer paso, por dos razones:

1. La mitad de las personas en cualquier sala están esperando que alguien les hable, y sienten el estrés de tener que acercarse a alguien. Si tú das el primer paso y te acercas, acabas de hacer que su experiencia sea mucho más fácil, y probablemente te acabas de convertir en su persona favorita de la sala.
2. Si esperas a que alguien se acerque a ti para comenzar una conversación, esa persona decidirá sobre qué hablarán. Si tú das el primer paso, esa decisión inicial está en tus manos. Tú marcas el ritmo de la conversación, así como el tema.

Cuarto, pon a prueba tus suposiciones. Mientras decides a quién acercarte, estarás observando el lenguaje corporal, la postura, las expresiones faciales, y otros indicadores de cada persona. ¿Parece que están abiertos a conversar, o se ven inaccesibles? Fíjate en tu primera impresión y luego desafíala. Intenta acercarte a la persona que parece inaccesible y haz una pregunta segura y poco invasiva para obtener información sobre algo:

(En una reunión en un lugar desconocido) "¡Hola! ¿Sabes por casualidad el nombre y la contraseña del Wifi aquí?".

(En un evento grande) "Estoy tratando de encontrar la biografía del conferencista. ¿Sabes dónde puedo conseguir un programa o la mesa de información?".

(Como nuevo empleado) "Soy nuevo aquí e intento orientarme. ¿Qué crees que necesito saber que nadie me ha dicho? ¿Alguna mina terrestre que deba evitar?".

(En la fila de una cafetería) "Es mi primera vez aquí... ¿qué me recomendarías?".

Al pedir información, ya rompiste el hielo. Es sorprendente la cantidad de veces que alguien está listo para conversar, y su postura cerrada o expresión negativa podría ser un instinto protector cuando se siente inseguro. Si no quiere hablar, lo descubrirás sin riesgo de ser rechazado. Si su respuesta es positiva y parece estar abierto, preséntate y continúa la conversación.

No soy muy fanático de las conversaciones largas en los aviones, pero normalmente hago un comentario rápido a la persona del asiento contiguo como punto de contacto. Podría mencionar algo sobre lo lleno que está el avión o si saldremos a tiempo, o preguntar sobre su experiencia con esa aerolínea en particular. La manera en que responde me da la información suficiente para decidir qué nivel de interacción sería apropiado. Si tengo ganas de conectar un poco, continúo la conversación por un rato. Suelo llevar auriculares con cancelación de ruido y los coloco en mis piernas de inmediato. Cuando la conversación pierde ritmo (o cuando quiero tomar un descanso), simplemente digo: "Bueno, hora de trabajar un poco" y me los pongo mientras abro mi computadora.

Aprendí el poder de los auriculares una vez en el avión cuando le pregunté a la persona sentada a mi lado: "¿Vas o vienes?". No dijo una palabra, pero me miró directamente con el ceño fruncido mientras tomaba sus auriculares y se los colocaba con fuerza sin apartar la mirada. Era su manera de decir "no vamos a hablar". Entendí el mensaje, y esas fueron las últimas palabras que le dije durante todo el viaje.

Por eso siempre es útil establecer una conexión rápida y segura para ver cómo responde la otra persona. Sabrás de inmediato cuáles son tus opciones para continuar. Haz una pregunta, explora un poco, y luego avanza o retírate con gracia cuando sea necesario.

Quinto, sonríe. Sonreír es una señal no verbal universal de amistad y conexión, así que inmediatamente libera tensión para ambos.

Cuando sonríes, demuestras que eres accesible, estás interesado, y caes bien. La mayoría de las personas te devolverán la sonrisa o al menos interactuarán contigo más rápido de lo que lo harían de otra manera. Asegúrate de que tu sonrisa sea genuina y natural, no exagerada para causar impresión. Si es falsa se darán cuenta.

Sexto, establece expectativas realistas. Decide de antemano qué haría que la interacción fuera un éxito para ti:

- Si eres una persona introvertida en un evento de *networking*, no supongas que tienes que recoger treinta tarjetas de presentación solo porque eso es lo que hacen los demás. Podrías decidir que tu objetivo será hablar brevemente con suficientes personas como para encontrar a alguien con quien conectes y con quien te gustaría mantener el contacto.
- En una reunión de equipo, establece como objetivo hacer una buena pregunta y aportar un comentario valioso. La gente te recordará por la calidad de lo que dices, no por la cantidad.
- Asume que cada persona con la que hablas sabe algo que tú no sabes, así que puedes proponerte aprender una cosa nueva en cada conversación. Tus conversaciones a menudo serán más cortas pero mucho más valiosas. La próxima vez que conectes con esa persona, menciona lo que aprendiste de ella la vez anterior.
- ¿Quieres que te recuerden? Envía un breve correo de agradecimiento a una persona después de cada encuentro, enfocado en una cosa que observaste que hizo y que marcó la diferencia para los demás en la sala.

En otras palabras, no evalúes tu éxito en ninguna situación en función de lo que hacen los demás. Cuando te comparas con otros, estás midiendo tu propio desempeño en función de sus habilidades, no de las tuyas.

Cómo acercarte a un grupo

Puede ser más fácil usar los consejos anteriores para intentar conectar con individuos, porque entonces solo se trata de ti y otra persona. Podría parecer más seguro intentar unirse a una conversación "en curso" entre dos o más personas, pero eso puede ser arriesgado. Es posible "interrumpir", pero hay que hacerlo con cautela, si es que se hace.

Por ejemplo, podrían estar teniendo una conversación privada sobre un tema delicado. Si intentas unirte sin saber de qué están hablando, les sentará mal la intrusión. Es mejor pasar más tiempo observando, buscando el lenguaje corporal y las expresiones faciales que te indiquen el nivel o la profundidad de la conversación. Si parece que no es muy seria, siempre pide permiso.

No te metas sin más y comiences a hablar. Haz que sea fácil para ellos rechazarte por el momento. Acércate con cautela y di algo como: "Perdón por interrumpir, parece que están conversando. ¿Sería un buen momento para unirme, o prefieren hacerme una seña cuando hayan terminado?". Si te invitan a unirte, no hables de inmediato. Escucha para captar el ritmo y generar confianza, y entonces comienza con una pregunta rápida sobre algo que se dijo. Todos hemos estado en situaciones en las que alguien se mete en una conversación y empieza a hablar, y fue incómodo para todos. Sé la persona que reconoce eso y soluciona el problema.

Siempre que la gente asiste a un evento donde hay amigos conocidos y también extraños, la mayoría opta por el camino seguro y se agrupa de inmediato con sus amigos. No está mal pasar tiempo con amigos, pero hacerlo elimina la posibilidad de explorar nuevas relaciones interpersonales de las maneras sencillas que hemos estado comentando.

Si quieres lanzarte a la aventura de conocer personas nuevas, no vayas inmediatamente hacia tu grupo conocido solo porque es lo más cómodo. Comprométete a acercarte al menos a una persona que no conozcas para explorar una nueva relación. Haz que sea breve y simple, luego reúnete con tus amigos como recompensa por haber completado ese primer reto.

Estuve en una reunión grande de una empresa hace unos años atrás donde la gente se juntaba con sus amigos en cada descanso. Justo antes de uno de esos descansos, el moderador dijo: "Todos tomamos estos recesos para hablar con las personas con las que trabajamos y conocemos bien. Pero durante este receso, no hables con nadie que conozcas. Busca a alguien con quien nunca hayas hablado y pasa el receso con esa persona. Conózcanse y tendrás un nuevo amigo".

La intención era buena, y también el motivo, pero cuando la gente no ha tenido formación ni experiencia en cómo observar a otros y establecer esos primeros contactos, puede ser la parte más intimidante del evento. Normalmente lo harán porque se espera (o porque los ha abordado alguien que aceptó el reto, frecuentemente una persona extrovertida), pero raras veces saldrán de allí con un nuevo amigo. Solo recordarán lo incómodo que fue el proceso forzado.

Una mejor manera sería darles un poco de orientación antes del receso. "Durante este receso, antes de ver a tus amigos, toma dos minutos para encontrar a alguien que no conozcas y hazle esta única pregunta: 'Si un amigo te dijera que está aplicando para un trabajo en esta empresa y te preguntara cómo es trabajar aquí, ¿qué le dirías?'. Eso es todo. No más de dos minutos; luego ve a buscar a tus amigos".

Es simple, seguro y estructurado. Incluso podrías hacerlo por tu cuenta presentándote a una persona que no conozcas y diciendo: "¿Puedo hacerte una pregunta rápida?". Haz la pregunta, escucha su respuesta, conversa más a fondo si se da la ocasión, y agradécele. Esto te permite establecer una conexión con otra persona rápidamente, y ambos se separan sintiéndose bien por el intercambio.

Pruébalo

Aprender a acercarte a la gente es mucho más simple y seguro de lo que podría parecer. Es una habilidad que cualquiera puede aprender, y se vuelve más fácil con la práctica. La clave está en mirar más allá de ti mismo y cuán incómodo te sientes, tu preocupación por tu imagen, y qué piensa la otra persona de ti. Cambia tu enfoque hacia la otra persona y en cómo puedes hacer que la interacción sea agradable para ella.

Cada día elige a una persona para acercarte y comenzar una conversación. Haz una sola afirmación donde encuentres algo en común o haz una pregunta sencilla que sea fácil de responder. No lo hagas con la expectativa de tener un gran diálogo (aunque eso podría pasar). Hazlo por la experiencia de tomar la iniciativa y practicar.

Por ejemplo, varias mañanas por semana llego a una cafetería Starbucks cerca de mi casa cuando abren a las 5:00 de la mañana. El personal parece ser amable, pero no creo que ninguno de ellos sea una persona madrugadora. Pocas veces hablan entre ellos y no saludan a los compañeros cuando llegan. Básicamente, lo más probable es que aún no han tomado su propio café.

La semana pasada, la persona menos enérgica tomó mi pedido. Después de pagar, le dije: "¿A qué hora tuviste que levantarte esta mañana para llegar aquí?". Se animó un poco y dijo: "Puse la alarma como a las 4:30". Le hice una pregunta lógica:

"No debes vivir muy lejos, ¿verdad?". Ella respondió: "No, vivo justo en esta calle".

Charlamos un poco, y no era solo una charla superficial con alguien que no estaba del todo despierta; le estaba haciendo preguntas sinceras centradas en ella. No era una técnica manipuladora, solo un momento humano que ambos agradecimos. Desde esa breve conversación, al menos sonríe y dice "Buenos días" cuando entro por la puerta. Aún no hablamos mucho, pero esa pequeña conexión marcó la diferencia.

Al día siguiente, pasé por el supermercado del mismo centro comercial para comprar un pequeño envase de crema para café para llevar a casa. La cajera claramente tampoco amaba las mañanas y no dio señales de necesitar o querer conversación. Tomó mi dinero y preguntó rutinariamente: "¿Necesita una bolsa para eso?". Me reí de la idea de necesitar una bolsa para algo tan pequeño y dije: "No, creo que me puedo manejar sin ella". Ella sonrió un poco. Luego dije: "Pero ¿crees que alguien pudiera ayudarme a cargarlo en el auto?".

Pruébalo esta semana y observa qué sucede. Elige a alguien con quien estés haciendo negocios o que te encuentres en cualquier situación y comienza una conversación. Todavía no tienes que mantener una conversación continua; eso será en el próximo capítulo. Comienza con un solo comentario o pregunta. Cuanto más lo intentes, más fácil será.

Eso significa acercarse a los demás. No se trata de impresionarlos ni de recolectar tarjetas de presentación. Se trata de aprender a crear conexiones.

¿Por qué? Porque todos somos humanos. ¡Quizás deberíamos tratarnos como tales!

CAPÍTULO 8

Interactúa con la gente, parte 2

Habla con cualquier persona

Tengo más conversaciones en mi cabeza que en la vida real.

Anónimo

Cuando un cohete se prepara para ser lanzado al espacio, hay muchas cosas que podrían salir mal. Si eso ocurre, el equipo de lanzamiento puede cancelar el proceso hasta unos pocos segundos antes del despegue. Reconforta saber que esa opción está disponible.

Sin embargo, hay un punto en el que los motores se encienden y ya es demasiado tarde para que el equipo cambie de opinión. El cohete consume un gran porcentaje de su combustible para dejar la plataforma de lanzamiento y entrar en órbita. En ese momento, el equipo cambia de modo: pasa a controlar los detalles del vuelo. A partir de ahí, el objetivo es que la misión sea un éxito.

Suena un poco como iniciar una conversación con un desconocido, ¿no es cierto? Pasas mucho tiempo decidiendo cómo vas a comenzar tu "misión", y luego das los primeros pasos para establecer la conexión (como aprendimos en el capítulo anterior). Se necesita mucha energía para acercarte a alguien y decir tu primera frase; pero, una vez que lo haces, la conversación ha "despegado". Ya no te concentras en conectar; es momento de hacer avanzar la conversación.

Entonces, ¿qué es lo siguiente?

El gran poder de hablar de cualquier cosa

Alguien dijo que comenzar una relación se parece un poco a dos puercoespines que se enamoran. Al principio, se pinchan constantemente y duele. Pero quieren estar cerca, así que siguen intentándolo y, poco a poco, aprenden a adaptarse.

Por eso es incómodo cuando alguien se pone profundo demasiado rápido en la primera conversación. Por ese motivo, comenzamos la mayoría de las conversaciones con algo trivial como: "Hola, ¿cómo estás?". Si las primeras palabras de alguien son: "¡Hola! ¿Cuánto dinero ganas?" o "¿Cuánto peso has subido últimamente?", la conversación termina ahí.

Las conversaciones profundas y personales son apropiadas entre personas que se conocen bien y han desarrollado un alto nivel de confianza. Desarrollar confianza toma tiempo, por eso los temas profundos se sienten invasivos si se tocan demasiado pronto. Hablar de cualquier cosa se convierte en una puerta de entrada a la conversación, no en un fin en sí mismo. Lo usamos para comenzar, como un atleta que calienta antes de entrar a la competición real.

Ese es el poder de hablar de cualquier cosa. Después de iniciar una conversación con alguien que no conoces, hablar de cualquier cosa es el lugar más seguro para comenzar.

Es común oír a alguien quejarse: "Odio hablar de cualquier cosa". Eso es especialmente cierto en los introvertidos, que a menudo sienten que es una pérdida de tiempo. Preferirían hablar de cosas que les importan a ambos, por lo que se irritan si la conversación no progresa rápidamente. Esto viene de la percepción de que "la vida es corta, así que hablemos de cosas importantes".

Parte de eso proviene de una idea equivocada sobre hablar de cualquier cosa. Si tuviéramos que definir el concepto de "hablar de cualquier cosa", la mayoría diríamos algo como: "Una conversación educada sobre temas ordinarios o sin importancia, especialmente en reuniones sociales".[1] Si no es importante, no vale la pena hablar de ello, ¿no es así?

Esa definición pasa por alto el propósito de hablar de cualquier cosa. No lo hacemos con la intención de quedarnos ahí. Es una plataforma de lanzamiento para llevar una relación en la dirección que sea apropiada. Es una manera de construir puentes entre personas, preparándolas para conversaciones más profundas sobre intereses en común.

Hablar de cualquier cosa conduce a conversaciones profundas.

Al comienzo de una conversación entre desconocidos, hablar de cualquier cosa les permite comenzar a sentirse bien el uno con el otro y estar listos para el siguiente nivel de interacción. Les ayuda a conocerse para encontrar puntos en común o áreas de interés que explorar.

Durante una conversación, hablar de cualquier cosa puede llenar esos silencios incómodos en los que nadie habla. Los participantes pueden hablar de algo menos serio hasta que surja un tema más importante. La tolerancia que tenemos al silencio en relaciones profundas e íntimas sería dolorosamente incómoda en conversaciones casuales.[2]

Cuando una conversación comienza a perder energía, hablar de cualquier cosa ofrece una manera cómoda de separarse. Si una persona simplemente dejara de hablar y se alejara, sería un rechazo evidente.

Temas para comenzar

Muchas personas suponen que necesitan saber mucho sobre muchos temas para que una conversación funcione. Afortunadamente, en esta etapa eso no es cierto. Como se trata de hablar de cualquier cosa, vale cualquier tema.

Por eso la gente dice que no se debería hablar sobre cosas como religión o política en una conversación casual. En los contextos y relaciones adecuados podría haber lugar para esos temas, pero cuando se está hablando de cualquier cosa, casi siempre estarán fuera de lugar. Solo estás metiendo los pies en las aguas de la conversación para ver si quieres adentrarte más. Si un tiburón se lanza sobre ti antes de que el agua te llegue hasta los tobillos, darás media vuelta y huirás.

Guarda los temas grandes para cuando la conversación se haga grande: con el tiempo, después de que se haya desarrollado la confianza.

Buscar puntos en común es apropiado cuando se habla de cualquier cosa y también en las conversaciones profundas. En conversaciones iniciales para conocerse, haz preguntas simples para explorar las opciones. Piensa en las cosas que ambos experimentan:

- Averigua dónde crecieron o vivieron a lo largo de los años para ver si hay alguna coincidencia con tu propia experiencia.
- Pregunta qué los llevó a ese evento y mira si coincide con tus razones.
- Si trabajan en la misma empresa, averigua en qué departamento están y cuánto tiempo llevan ahí.
- Los viajes siempre son un buen tema, así que pregunta adónde han ido.

- El clima es casi demasiado fácil de mencionar, así que solo menciónalo si en ese momento es significativo (inusualmente caluroso, frío, con viento, etc.).
- Menciona los deportes, pero ten cuidado de no dejar que dominen la conversación si son grandes seguidores. Solo averigua qué deportes les interesan, si es que hay alguno.

Cuando te pregunten "¿cómo estás?", no están interesados en toda tu historia médica ni en los problemas familiares que están robando tu atención. Es tentador lanzarse a contar una larga historia sobre algo de tu vida, pero recuerda mantener el enfoque principalmente en la otra persona. Cuanto más hablen sobre sí mismos y menos hables tú sobre ti, más positiva será la impresión que se lleven. Ya habrá tiempo para explorar las vidas del otro una vez que la relación haya crecido, pero es arriesgado cuando estás en las primeras etapas.

Tus dos recursos más poderosos en una conversación

Cuando iniciamos conversaciones con personas que acabamos de conocer, a menudo sentimos la necesidad de hablar sobre nosotros y tratar de impresionarles para caerles bien. En realidad, esto tiene el efecto contrario. Las personas se sienten parte cuando enfocamos la conversación en ellas, porque es una forma de mostrar interés. Cuando alguien siente que otra persona se interesa por él o ella, comienza a sentirse conectado.

Enfócate más en estar *interesado* que en parecer *interesante*.

Hay algunos libros excelentes sobre cómo iniciar, continuar, y terminar conversaciones de forma efectiva y cómoda (yo mismo he escrito varios, incluyendo *Cómo comunicarte con confianza*). La mayoría están llenos de consejos y técnicas, así que no mencionaré eso aquí. La mejor ayuda que puedo darte es que reconozcas las dos herramientas más poderosas que tienes a tu disposición para que tus conversaciones tengan éxito: *la escucha activa* y las *preguntas para profundizar*.

Escucha activa

Es increíble que la gente no escuche más de lo que lo hace, especialmente cuando sabemos cómo nos sentimos cuando alguien nos escucha. Escuchar es la manera más rápida de iniciar una conversación y hacer que avance. Por un lado, hace que la otra persona se sienta cómoda contigo porque estás mostrando interés, pero también es simplemente mucho más fácil escuchar que hablar para la mayoría de las personas:

- No tienes que pensar en un montón de cosas para decir. Cuando escuchas profundamente sin enfocarte en lo que vas a decir cuando el otro termine de hablar, escucharás qué es lo importante para él o ella. Si prestas atención, te estará dando una lista de temas que le importan.
- Cuando has oído sus áreas de interés o experiencia, podrás encontrar puntos en común desde tu propia experiencia. Como ya sabes lo que a ambos les importa, puedes lanzarte con confianza a las áreas que comparten sabiendo que les interesarán a los dos.
- Cuando hablas sobre esas áreas de interés compartido, ambos disfrutarán más la conversación. Eso hace que tu relación avance rápidamente y haya conversaciones futuras. Estarás saboreando la conexión, aunque solo estés en el nivel de hablar de cualquier cosa. Eso se convierte en la base para llegar a conversaciones más profundas.

Al hablar de cualquier cosa crece la confianza, y escuchar demuestra que valoras a la persona con la que estás hablando. Cuando la confianza crece, se hace más seguro hablar de temas más profundos. Has demostrado que no solo estabas esperando tu turno para hablar, sino que realmente quieres saber más y disfrutar de la otra persona.

Hoy en día la gente muere por tener a alguien que los escuche. Por eso es tan poderoso cuando ocurre, y es una herramienta que puedes usar fácilmente con cualquiera. La escucha activa prepara el terreno para llevar una conversación al siguiente nivel y comenzar a explorar temas más profundos. No es una técnica manipuladora; es simplemente un enfoque de sentido común para conectar, basado en interesarte por la otra persona. Enfócate hacia afuera en lugar de hacia adentro, y estarás practicando una habilidad de comunicación de primera categoría.

Preguntas para profundizar

¿Qué pasa si estás hablando con alguien que ya es un buen oyente y está tratando de hacer lo mismo contigo? Si ambos están decididos a conocer a la otra persona y enfocar la atención en el otro, está bien. Ambas personas están satisfaciendo sus necesidades (la necesidad de ser escuchado y valorado).

Cuando esa persona te hace una pregunta sobre ti, es apropiado responderla. Solo asegúrate de no convertirlo en una oportunidad para contar toda tu vida, lo que hace que la conversación sea unilateral. Responde a su pregunta con brevedad, preferiblemente con una sola respuesta. Luego observa cómo reacciona. Si te hace una pregunta de seguimiento para profundizar, siéntete libre de responder apropiadamente.

Al mismo tiempo, busca oportunidades para devolverle la misma pregunta: "Esa ha sido mi experiencia. ¿Y tú? ¿Cuál ha sido tu experiencia en esa misma área?". Una conversación real no es solo una persona haciendo todas las preguntas y la otra dando todas las respuestas. Las conversaciones se vuelven interesantes cuando hay un intercambio y ambas personas pueden participar por igual.

Es un poco como jugar tenis. Una persona hace el saque y la otra devuelve ese saque. Ese patrón continúa hasta que termina ese set, y comienza uno nuevo. Si una persona comparte todo en una conversación, sería como si un jugador estuviera lanzando pelotas a alguien que no tiene raqueta.

La diferencia es que no estás lanzando pelotas de tenis; estás lanzando preguntas. No estás dando tu opinión sobre algo con la esperanza de que le interese a la otra persona; le estás preguntando su opinión y luego haciendo preguntas para profundizar y satisfacer tu creciente curiosidad. Un estudio decía: "Las personas tienen conversaciones para lograr una combinación de dos grandes objetivos: intercambio de información (aprender) y manejo de las impresiones (gustar). Investigaciones recientes muestran que hacer preguntas logra ambos".[3]

Las preguntas cerradas se pueden responder con una sola palabra. Por lo general, no hacen avanzar una conversación, así que deberíamos evitarlas. Podemos hacer la excepción al principio de la conversación, cuando queremos poner algo de información sobre la mesa. Hacer preguntas de cualquier cosa se vuelve efectivo cuando van seguidas inmediatamente de una pregunta para profundizar. En lugar de solo hacer una pregunta cerrada como: "¿Y dónde estudiaste?", haz seguimiento con preguntas para profundizar como:

"¿Cuál era tu especialidad?".
"¿Por qué elegiste esa universidad?".
"¿Vivías en el campus?"

Luego, si la conversación avanza, puedes pasar al siguiente nivel de preguntas para profundizar:

"He oído que mucha gente termina trabajando en un campo totalmente diferente al de su carrera. ¿Y tú?".

"¿Tu universidad cumplió con las expectativas que tenías cuando la elegiste?".

"Como no viviste en el campus, ¿sientes que te perdiste gran parte de la vida universitaria?".

Este proceso de escucha activa y hacer preguntas para profundizar no requiere ninguna preparación. Es increíblemente simple, y será tu mayor recurso en cualquier conversación. Lo único que tienes que hacer es:

1. Hablar menos, preguntar más.
2. Escuchar las respuestas y hacer más preguntas.

He hablado con muchas personas sobre sus experiencias iniciales al conocer a alguien, como en un entorno social. Cuando pregunté cómo les fue, esta es la respuesta más común que escucho: "No me hicieron suficientes preguntas".

Dale Carnegie, en su libro clásico *Cómo ganar amigos e influir sobre las personas*, dijo simplemente: "Haz preguntas que la otra persona disfrutará al responder".[4] Habla sobre lo que ha mencionado y haz preguntas al respecto. Eso le demuestra que estás escuchando, no solo repitiendo lo que dijo. Estás ejercitando tu curiosidad para profundizar en algo que te interesa.

Si lo único que haces es dominar estas dos habilidades, te sorprenderás de lo interesantes que se volverán tus conversaciones; y de lo cómodo que te sentirás.

Consejos para conversar

Ten en cuenta estas sugerencias cuando tengas conversaciones con personas:

No te apresures. Las buenas conversaciones son como una comida gourmet; necesitan tiempo para salir bien. Cuando tratas de apresurarte con la gente, toma más tiempo construir una relación. Cuando te tomas tu tiempo para saborear la conversación, completarla, y dejar a la otra persona mejor de lo que la encontraste, construyes la relación más rápidamente.

Haz que sea un diálogo, no un monólogo. Recuerda el ejemplo del tenis: presta atención al intercambio y asegúrate de que funcione en ambos sentidos. Si te das cuenta de que estás hablando demasiado, comienza a hacer más preguntas. Asegúrate de hacer preguntas abiertas para que no puedan responder solo con sí o no. Si un tema no está funcionando, cuenta una breve historia de tu propia experiencia y pide su opinión. Es una forma fácil de llevar la conversación hacia una nueva dirección.

Aprende algo nuevo. Aborda cada conversación con el objetivo de aprender algo nuevo de la otra persona. Incluso si conoces bien a la persona y hablan con frecuencia, siempre sal como si fuera una expedición de descubrimiento.

Mantén una actitud positiva. Es fácil enfocarse en cosas negativas porque a menudo son un terreno común para las personas. Evita el riesgo de que la energía de la conversación se vuelva negativa y cambia de tema si es necesario.

Haz de intermediario. Terminas tu primera conversación con alguien en un evento y has aprendido cosas nuevas sobre esa persona. Recuerda esas cosas, y cuando hables con alguien más, fíjate si hay similitudes. Si las hay, preséntalos y menciona el punto en común que descubriste. Les has ahorrado el esfuerzo de comenzar desde cero.

Da más de lo que recibes. No busques qué puede hacer otra persona por ti; más bien invierte en ella. Deja que la relación crezca a un ritmo natural, simplemente por el valor de la conexión. Una vez que eso ocurre, podrías acercarte a ella para pedirle ayuda con algo. No hagas de eso tu objetivo; haz que tu objetivo sea la relación. De lo contrario, corres el riesgo de que te vean como un vendedor insistente que quiere cerrar un trato.

Concéntrate al cien por ciento. En cualquier conversación, haz que la otra persona sienta que es la única en la sala. Mantén tu atención y el contacto visual, para que no sientan que estás mirando el reloj o buscando una oportunidad mejor. Cuando la conversación haya llegado a un punto de cierre natural, termínala en lugar de hablar forzosamente de cualquier cosa para que continúe. Haz un cierre limpio y refrescante.

Es más fácil de lo que crees

Si te resulta difícil tener conversaciones básicas, estudiar los fundamentos de la comunicación con otros te será útil. Al mismo tiempo, no es tan difícil comenzar. Los conceptos que hemos cubierto en este capítulo son suficientes para iniciar tu camino.

Observa las oportunidades que tienes en las próximas semanas. ¿Vas a asistir a un evento social que te pone un poco nervioso? ¿Estarás en una reunión de equipo o conferencia corporativa a la que preferirías no ir? ¿Tienes una reunión individual programada con tu jefe o una cita para tomar café con un colega complicado? ¿Dónde te encontrarás con personas que no conoces?

No intentes que sea perfecto. Solo haz que ocurra. Los riesgos no son tan grandes como crees, y las recompensas podrían ser mayores de lo que imaginas. Da el primer paso para conectar y luego prueba algunas de estas ideas.

Te prometo que irá mejor de lo que esperabas. Sigue haciéndolo, y se volverá más natural de lo que podrías imaginar.

CAPÍTULO 9

Planea tu enfoque

Personaliza tu estrategia

El éxito no se trata de cuánto dinero ganas, sino de la diferencia que marcas en las vidas de las personas.

Michelle Obama

Cuando doy un seminario en una sala de conferencias de un hotel, me aseguro de que la sala esté a la temperatura adecuada. Si hace demasiado calor, la gente se adormece y se distrae. Si hace demasiado frío, no pueden concentrarse. Puede que no parezca tan importante como el contenido del seminario, pero es fundamental acertar, o la gente se desconecta.

En cuanto llego, busco el termostato de la sala. A veces puedo ajustarlo yo mismo, y otras veces necesito llamar a un miembro del personal para que lo cambie. Hago esto primero por el impacto que tiene en el evento. Quiero que la temperatura sea la adecuada antes de que llegue nadie. Mi objetivo es que nunca noten la temperatura porque está "justo como debe ser".

No tardé mucho en darme cuenta de que los termostatos en diferentes salas no están calibrados de la misma manera. Descubrí que la temperatura perfecta para la mayoría de las salas de conferencias es de 22.5 grados centígrados (compré un pequeño termómetro digital que mantenía al frente donde estaba dando mi presentación). Si configuraba el termostato de la sala a esa temperatura, algunas salas eran un horno, mientras que otras se quedaban heladas. Al comenzar el proceso temprano en el día, tenía tiempo para aprender cuál era la configuración correcta para ese termostato en particular antes de que llegara la gente.

Cuando se trata de leer a tu audiencia, la mayoría de la gente piensa que puede adaptarse a la "temperatura" que haya. Algunas salas se sienten emocionalmente frías, en otras hace calor, y otras están perfectas. Estas personas aceptan la temperatura, pero nunca piensan en cambiarla. Piensan: *Así es como es.*

Pero tú no eres la mayoría de la gente. El hecho de que estés leyendo este libro me dice que no solo quieres leer a tu audiencia; también quieres influir en ella. Claro que tener la habilidad de leer a tu audiencia hará que te sientas mucho mejor en esa sala. Ese es un buen lugar para comenzar, pero no para quedarte. Lo que te interesa es hacer que la sala sea un mejor lugar para los demás porque tú estás en ella.

En otras palabras, un termómetro te informa de la temperatura de la sala. Te dice cómo es el presente. Un termostato te permite cambiar la temperatura de la sala. Te ayuda a influir en el futuro.

Flotar río abajo versus trazar un rumbo

Cuando yo era niño en Phoenix, mis amigos y yo llevábamos de vez en cuando cámaras de goma llenas de aire al río Salt. Alguien nos llevaba en auto unos cuantos kilómetros río arriba y nos dejaba allí. Entonces inflábamos las llantas y las usábamos para flotar río abajo. No podíamos maniobrar mucho porque íbamos acostados sobre las llantas, y nuestros brazos y piernas casi no tocaban el agua. Podíamos inclinarnos hacia un lado y salpicar un poco para empujarnos en una nueva dirección, pero no era muy preciso. Por lo general, íbamos adonde el río nos llevaba.

Años después, hice un viaje de *rafting* en aguas rápidas en el río Green en Utah. Fue una experiencia completamente opuesta porque íbamos sentados en una balsa con remos en las manos. La corriente era fuerte, y no nos dejábamos llevar flotando. Nuestros guías conocían la ruta a través de los rápidos y nos orientaban enseñándonos a tomar el control de la dirección en la que íbamos. Si no lo hacíamos, el resultado podía ser trágico.

Si había un tramo de aguas particularmente agitadas más adelante, remábamos hacia un lado del río, bajábamos de las balsas, y subíamos una colina para inspeccionar los rápidos que se acercaban. Desde allí, los guías señalaban exactamente qué estaba haciendo la corriente, dónde estaban los peligros, y cuánto tiempo pasaría antes de que regresáramos a aguas tranquilas. Nos decían paso por paso lo que debíamos hacer para atravesarlo con seguridad. Sabíamos que sería un reto, pero esos pocos minutos de preparación nos daban la confianza que necesitábamos. Habíamos visto lo que llegaría y sabíamos cómo gestionarlo en lugar de simplemente esperar lo mejor.

Leer a tu audiencia no es tan distinto. Puede que no parezca tan peligroso como el *rafting*, pero las consecuencias son igualmente importantes. No queremos simplemente sobrevivir en el entorno al que entramos; queremos prosperar.

La mayoría de las personas en cualquier sala están flotando en llantas en lugar de ser intencionales al navegar por los rápidos. Están dejándose llevar, esperando no ahogarse. Otros podrían sentirse cómodos pero no piensan en el impacto que podrían tener. Simplemente están usando su tiempo y energía para remar sin rumbo. Como decía con frecuencia Zig Ziglar: "Si apuntas a nada, siempre acertarás".[1]

Ya tengo datos; y ahora ¿qué?

Todo el mundo lee a su audiencia cuando entra en una sala, lo sepan o no. Sin el proceso que hemos estado describiendo, esa lectura probablemente no será precisa, pero aun así están recolectando información en función de lo que ven.

El problema surge cuando hacen suposiciones y creen que son precisas sin profundizar más. Han creado un mapa mental de los detalles del evento, y entonces actúan con base en ese mapa. Ya han decidido que el mapa es preciso y no lo cuestionan.

Es como el niño de cuatro años que dice: "Mido dos metros". Cuando le preguntan cómo lo sabe, responde: "Me medí con esta regla que acabo de hacer".

Antes hablamos del valor de comenzar con una hipótesis (una suposición fundamentada sobre lo que está ocurriendo en la sala). A estas alturas ya has pasado tiempo observando la sala (cuadro completo) y a las personas en la sala (detalle). Has iniciado algunas conexiones y has mantenido conversaciones iniciales. Has decidido si te sientes cómodo en la sala o no, y tienes una idea de lo que realmente está ocurriendo.

Ya llevas ventaja sobre la mayoría de la gente en la sala porque estás siendo intencional. No solo estás participando; estás prestando atención. Quieres usar lo que has descubierto para sentirte cómodo y seguro en esa sala, pero también quieres marcar una diferencia.

Entonces, ¿qué sigue? Es hora de poner a prueba tu hipótesis. En función de lo que ha sucedido en estas observaciones y conversaciones iniciales, ¿parece precisa? ¿O los datos que has recolectado apuntan a un resultado diferente? En otras palabras, leíste a tu audiencia inicialmente al entrar. Ahora que has hecho algo de "investigación", fíjate si la estás leyendo de manera distinta. Tal vez pensaste que el tono de la sala era reservado, y que la gente estaba preocupada por lo que se iba a decir. Luego te uniste a algunas conversaciones y te diste cuenta de que la gente ya había escuchado lo que se iba a anunciar, y era una buena noticia que los tranquilizaba sobre un gran cambio que los había tenido ansiosos. Sí, la sala estaba callada, pero porque todos estaban respirando aliviados (no porque tuvieran miedo de lo que llegaría).

"Pero, espera", dices. "Esto suena como si tuviera que apartarme del grupo, abrir mi computadora portátil, y analizar mis hallazgos en una hoja de cálculo. ¿No puedo simplemente estar presente en el evento?".

Eso no es lo que estoy sugiriendo. Este proceso es más un cambio de mentalidad que otra cosa. Te permite estar plenamente presente en cualquier evento; pero también plenamente consciente de tu entorno. Significa que no solo estás flotando por el río; estás prestando atención a la dirección en la que te está llevando la corriente (y a todos los que te rodean) y tomando el remo para asegurarte de tener la mayor ventaja posible al leer a tu audiencia.

No vas a leer a tu audiencia una sola vez y ya está. Estarás usando el proceso de forma continua durante cada situación. Aun así, podrás entablar conversaciones, disfrutar tus interacciones, y hacer una contribución. Solo que ahora serás consciente de lo que estás haciendo, por qué lo estás haciendo, y cómo lo estás haciendo. Estarás asistiendo con intención.

Considera las siguientes situaciones:

- Estás en una cena de empresa con personas que conoces y otras que no. Tu primer instinto es encontrar una manera de sentarte con las personas que conoces bien. Al mismo tiempo, esta es una oportunidad para establecer algunas conexiones clave con personas que podrían ser valiosas para tu carrera. Algunas podrían tener influencia, mientras que otras simplemente parecen interesantes y podrían aportar algo positivo a tu trabajo.

Investiga con antelación quiénes asistirán y decide a quién te gustaría acercarte. Comprueba si alguno de tus amigos conoce a esa persona y estaría dispuesto a presentártela. De lo contrario, acércate tú con una rápida expresión de gratitud por algo que haya hecho recientemente.

Haz que la conversación sea sobre la otra persona, y concéntrate en la relación en lugar de lo que puede hacer por ti. Hazlo de inmediato, y luego intenta tener una segunda conexión breve antes de que termine el evento.

- Tu equipo de ventas está visitando a un cliente potencial y se va a reunir con cinco de sus principales responsables para explorar la posibilidad de trabajar juntos. Van a reunirse durante toda la mañana para conversar sobre posibilidades.

  Durante la conversación, escucha con atención y encuentra a alguien del otro equipo con quien tengas algo en común. Cuando tomen el primer receso, acércate a esa persona y saca el tema: "¿Dijiste que creciste en esta ciudad? Yo también. ¿En qué parte? ¿Cómo terminaste aquí?". No hables del tema de la reunión; solo establece una conexión humana. Cuando la reunión continúe, ya tendrás el inicio de una relación con una persona, lo cual puede influir en el resto de la conversación.

- Conoces bien a tus compañeros de trabajo y sabes lo que cada uno suele aportar a la reunión semanal del equipo. Una persona siempre rechaza cualquier idea nueva, mientras que otra intenta animar a cualquiera que hable elogiando lo increíble que es su sugerencia (aunque no lo sea). Alguien más se queda callado, pero sabes que compartirá su opinión después de la reunión.

  En lugar de ver estas reacciones como "lo de siempre", piensa con atención en cuál podría ser el paradigma de cada persona que los lleva a responder de ese modo. Con esa preparación, crea una nueva alternativa que podrías usar con esa persona y que tal vez obtenga una respuesta diferente.

  Cuando alguien presenta una idea nueva, sabes que Tom casi siempre la rechaza de inmediato simplemente porque es nueva. En lugar de esperar su crítica, intervén rápido: "Antes de que avancemos mucho con esto, me encantaría escuchar la perspectiva de Tom. Él ve cosas que nadie más considera, y tal vez ayude a nuestra conversación conocer sus ideas".

  Podrías hacer lo mismo con la persona callada que pocas veces aporta algo, pasándote por su escritorio para conversar. "Solo por curiosidad, ¿qué te pareció la idea que mencionó Erin? Sé que has estado en situaciones similares, y enseguida pensé en tu opinión".

Eso es ser proactivo. Aunque hayan estado prestando atención, la mayoría de las personas simplemente reacciona a lo que ven y se dejan llevar, esperando que todo salga bien. No están en el río con un propósito, tomando decisiones sobre la dirección en la que van; simplemente flotan con la corriente.

Si quieres obtener resultados diferentes a los de los demás, necesitas tomar decisiones diferentes a las de los demás. Como dijo Earl Nightingale: "Si no tienes un buen modelo para el éxito, solo observa lo que todos los demás están haciendo y haz lo contrario".[2]

Siempre alerta

Hace unos años atrás estaba dando un seminario en una gran ciudad del medio oeste. El jefe de policía de la ciudad estaba en la clase y me invitó a almorzar con él después de la sesión de la mañana. Parecía un tipo sencillo, con un gran sentido del humor, así que esperaba con ganas poder conectar con él.

Llegué al restaurante antes que él y encontré una mesa junto a una ventana. Me senté en el asiento que daba hacia el interior del restaurante, dejando el otro asiento libre frente a la ventana.

Cuando él llegó, sus primeras palabras fueron: "Levántate. Estás en mi asiento". Lo dijo en tono de broma, pero sentí que lo decía en serio. Cuando no me moví de inmediato, dijo: "No, en serio. Necesito sentarme ahí".

No pudo haber sido más cálido y amable mientras conversábamos, y tuvimos una charla estupenda. Cuando ya casi era hora de irnos, le pregunté sobre su elección de asiento. "Estás fuera de servicio hoy, ¿verdad?".

"Sí".

"Entonces, ¿por qué necesitabas sentarte en ese lugar? ¿Necesitas ver lo que está ocurriendo aunque no estés de servicio?".

Respondió: "Es por mi entrenamiento. Y mi experiencia. Incluso mientras tengo una gran conversación, estoy completamente consciente de todo lo que sucede en la sala. Estoy analizando todo constantemente. Ya es casi subconsciente, aunque esté al cien por ciento volcado con la persona que tengo enfrente. Pero sé qué buscar, y nunca apago eso. Nadie más lo hace; solo yo. Si algo parece fuera de lugar, estoy listo para actuar si hace falta. Por eso siempre elijo un asiento desde el que pueda ver todo y en el que no haya nadie detrás de mí", concluyó. "Y, si llegara a ocurrir algo, te alegrarías de haberme cedido ese asiento".

Ese fue un ejemplo perfecto de por qué nos interesa aprender a leer a nuestra audiencia. Probablemente no estemos luchando contra el crimen, pero tenemos una perspectiva completamente diferente cuando estamos entrenados para saber qué está ocurriendo a nuestro alrededor. Con el tiempo, se convertirá en algo subconsciente; casi como un reflejo. Podemos estar completamente presentes en lo que está ocurriendo y disfrutar plenamente de nuestros encuentros. Pero todo estará en el contexto del panorama general, y podremos tomar decisiones sobre qué hacer a continuación en función de lo que observamos.

Tu estrategia personalizada

Tu manera de leer a tu audiencia será justamente eso: tu manera. La crearás y perfeccionarás con el tiempo porque se ajusta exactamente a tus habilidades, dones y temperamento. Si eres introvertido, no tienes que fingir que eres extrovertido. Si eres extrovertido, puedes ser tu yo sociable con intencionalidad. Sea cual sea tu enfoque, estarás respondiendo y no reaccionando.

Supongamos que en unos minutos vas a asistir a una reunión del equipo corporativo, así que comienzas a practicar tu nueva habilidad de explorar. La agenda del día dice que discutirán un cambio reciente de política que es controvertido. Sabes que podría ser una conversación tensa, así que observas el tono de la sala y de las personas en ella: quién habla con quién, quién parece tener energía, quién parece distraído o aburrido. También ves un montón de folletos sobre la mesa, así que supones que los repartirán para discutirlos.

A partir de eso, creas una hipótesis rápida: "Debido al tema y las expresiones que veo en esta sala, hay muchas probabilidades de que la gente se altere. Sé cómo responde normalmente cada una de estas personas, así que probablemente habrá conflicto. Dos personas estarán molestas y serán muy expresivas; dos serán pasivo-agresivas y sarcásticas; tres más no hablarán pero tendrán ideas que realmente necesitamos escuchar; tres serán positivas, y a otras dos no les importará".

Ahora estás listo para poner a prueba tu hipótesis al entrar en la conversación. Seguirás observando, pero lo harás en el contexto de tu hipótesis. Podrías descubrir rápidamente que era acertada, o podrías ver que toma un rumbo completamente distinto. Tu exploración inicial cuidadosa será el filtro que usarás para interpretar lo que ves, y eso se convertirá en tu guía para decidir qué acción tomar. Tener la mentalidad de observar lo que está ocurriendo (como el jefe de policía) te permite determinar la importancia de lo que ves.

Comienza la reunión, y empiezas a buscar esas diferentes dinámicas, además de fijarte en quién está participando y quién no; especialmente estos últimos. La mayoría de la gente solo escucha los aportes de quienes hablan, pero tú también observas las expresiones faciales y el lenguaje corporal de quienes están escuchando más que hablando.

Una de tus colegas hizo algunos comentarios para expresar sus preocupaciones, pero dejó de hablar cuando sus comentarios fueron ignorados. Sabes que sus aportes suelen ser valiosos y bien pensados, y parece que sus ideas podrían evitar que el grupo tome decisiones costosas. ¿Qué deberías hacer?

La mayoría de las personas no notó las cosas que tú notaste, así que tienes la oportunidad de explorar aún más. No estás seguro de si ella se sintió ignorada y molesta, o si solo lo parecía. No necesitas decirle al grupo que la estaban ignorando, lo cual podría resultarle embarazoso. Solo enfócate brevemente en ella de una manera que le dé la oportunidad de compartir sus ideas si así lo desea.

"¿Puedo intervenir un segundo y repasar algo?", podrías decir. "Cuando hablábamos sobre el impacto del nuevo cambio, Sharon mencionó un par de ideas que me parecieron valiosas, y solo quería asegurarme de que no las pasamos por alto. Sharon, ¿quieres ampliar esas ideas para que nos aseguremos, o estás de acuerdo con el rumbo que está tomando la conversación?".

Has posicionado a Sharon para que pueda presentar sus ideas, pero también para que aclare si está conforme con la conversación actual tal como discurre. Al ser consciente de lo que observaste y hacer una declaración sencilla, mostraste respeto por tu colega y te aseguraste de que el grupo no pasara por alto información valiosa.

Con el tiempo, te ganarás la reputación de ser una persona que mantiene las conversaciones enfocadas. Te asegurarás de que todos tengan la oportunidad de contribuir si quieren, y también evitarás que los miembros más habladores dominen la discusión.

Si te vuelves hábil en explorar, interactuar y proyectar, tendrás la confianza para mantenerte al tanto de la dinámica del grupo. Siendo tu yo auténtico, podrás ajustar con cuidado esa dinámica para que todos puedan usar su voz única como solo ellos saben hacerlo.

Ojos abiertos

Por eso es tan importante convertir tus observaciones y conversaciones en una estrategia no solo para leer a tu audiencia, sino también para influir en ella. No tienes que ser el líder para marcar la diferencia. Puedes usar tu mentalidad de prestar atención para mejorar las cosas y para servir a la sala, de lo cual hablaremos más hacia el final de este libro.

Un ejemplo: estaba enseñando una clase universitaria un semestre y noté que dos estudiantes se comportaban de manera un tanto inusual cada vez que hacíamos un examen escrito. Se sentaban en extremos opuestos de la sala. Después de escribir sus respuestas a unas cuantas preguntas, dejaban la pluma y movían lentamente los dedos como si los estuvieran estirando. Pensé que simplemente se les estaban cansando las manos de escribir (ya que la mayoría de los estudiantes suele escribir en dispositivos digitales en lugar de papel). Lo noté, pero supuse que era inofensivo.

Después de un examen, otra estudiante se me acercó tras la clase. "He estado notando algo que ocurre en clase y no estoy segura de si usted lo ha visto", me dijo. "¿Sabe que esas dos chicas que siempre estiran los dedos están copiando?".

"¿Cómo lo sabes?", pregunté.

"Porque mi hermano es sordo y yo conozco la lengua de signos. Ellas también lo saben, y están compartiendo las respuestas desde extremos opuestos del aula. Hacen las señas lentamente, pero están copiando".

Ella no solo estaba leyendo a la audiencia; quería influir en ella. Lo único que hizo fue avisarme de lo que había descubierto, y yo pude tomar medidas para hacer que el proceso fuera más justo para todos en la sala.

Otro ejemplo: el departamento de educación de un condado cercano tenía muchos estudiantes que vivían en situaciones difíciles (algo que sucede en distritos escolares de todo el país). Eso generaba muchos problemas de comportamiento en clase, ya que los alumnos exteriorizaban lo que ocurría en sus vidas. Los maestros, sin conocer el contexto, enviaban repetidamente a los alumnos problemáticos a la oficina del director.

Finalmente, alguien tomó la iniciativa para marcar una diferencia. Colaboraron en un sistema en el que el personal de emergencias (policía, bomberos o personal médico) podía usar una *app* para notificar a una escuela si un estudiante había sido expuesto a violencia u otra situación traumática. La escuela entonces recibía una notificación de "Tratar con cuidado", que indicaba que el niño había pasado por un evento difícil (sin dar detalles específicos). Esto permitía que la escuela reportara al personal adecuado sobre el incidente para que pudieran vigilar al estudiante y tratarlo con la sensibilidad correspondiente. Sin revelar información confidencial, permitía que la escuela tomara en cuenta esa información en casos de conducta como estar distraído o quedarse dormido en clase, y luego decidir qué hacer basándose en ese conocimiento.

Aprende a leer bien a tu audiencia, y entonces desarrolla una estrategia para tu contribución única en cada sala a la que entres. Al canalizar aquello que te hace único, marcarás una diferencia que solo tú puedes marcar influyendo en la sala. ¿Cómo es eso? Se llama *ejecución*: poner tu estrategia en acción para asegurarte de que algo suceda. ¡Pasemos al siguiente capítulo para obtener resultados que realmente importan!

CAPÍTULO 10

Ejecuta tu estrategia

Gánate a tu audiencia

No hay mayor regalo que un corazón generoso.

Yoda

Si alguna vez has enseñado a un adolescente a manejar, sabes que hay muchas emociones involucradas en el proceso. Por un lado, quieres que aprenda la libertad y la comodidad que conlleva tener una licencia. Por otro lado, sabes (por experiencia personal) lo que hay en juego y todo lo que podría salir mal. Incluso si se convierte en el mejor conductor del mundo, todos los demás son impredecibles. A la gente no le importa la seguridad de tu hijo tanto como a ti.

Cuando estaba enseñando a manejar a mi hija Sara, quería que creyera que yo sabía de lo que hablaba. Necesitaba que confiara en mi experiencia para que se convirtiera en una buena conductora. Quería que aprendiera de mis errores en lugar de tener que cometer los suyos.

Eso se vino abajo el primer día que íbamos manejando en mi pequeño Volkswagen Escarabajo en círculos lentos y cerrados al final de una calle sin salida. Una paloma bajó volando y aterrizó justo frente al auto. Sara se detuvo porque no podía verla y no quería atropellarla.

"Adelante", le dije. "Vamos tan lento que se apartará si nos acercamos demasiado". Segundos después, sentimos el *golpe* y vimos plumas volando por todas partes.

Ese fue el final de mi credibilidad.

Ella sí aprendió, y años después, estoy completamente tranquilo cuando ella está al volante.

Manejar es muy parecido a leer a tu audiencia. Puedes practicar las técnicas y ser competente al establecer conexiones. Al mismo tiempo, no siempre sabes lo que harán los demás. Sus decisiones podrían ir rumbo a chocarse con las tuyas, así que tienes que estar preparado para todo.

¿Cómo se logra eso? Con práctica. Un adolescente no puede convertirse en un conductor que sepa manejar situaciones difíciles solamente viendo videos sobre conducción. De igual manera, no podemos manejar los desafíos de interactuar con otros solo leyendo un libro sobre eso. Tienes que *pasar tiempo* en la sala para poder *leer* a tu audiencia y así *ganártela*.

Cómo ganarte a tu audiencia sin sentirte como un político

Estoy usando el término "ganarte a tu audiencia" con cautela porque esa expresión tiene connotaciones negativas que normalmente se asocian con políticos que intentan ganar votos. Una definición de un diccionario es la siguiente: "'Ganarse a la audiencia' es moverse entre una multitud, saludando a las personas y entablando conversaciones. Generalmente implica muchos apretones de manos, abrazos o palmadas en la espalda, así como mucho entusiasmo visible".[1]

Solamente al escribir esa descripción ya me dan ganas de tomar un antiácido. Tiene un aire de falsedad, de fingir que te agradan las personas para obtener algo de ellas. Para mí es aún más difícil como introvertido, porque suena como si tuviera que volverme artificialmente extrovertido para tener éxito.

Vamos a cambiar la definición. Vamos a alejarnos de lo falso y acercarnos a lo sincero, del fingir al ser genuino, de obtener a dar. Cambiemos de la supervivencia al impacto. Incluirá las habilidades básicas de las que hemos estado hablando, practicándolas de una forma completamente consistente con quienes somos.

Eso se llama *integridad*: lo que somos por fuera proviene de lo que somos por dentro. Cuando podemos hacer eso, ganarse a la audiencia se convierte en una herramienta para ayudarnos a conectar con confianza y generar impacto en cualquier situación, sin importar cuál sea nuestra personalidad o temperamento. Hablaremos de los consejos y técnicas específicas que se pueden usar (sigue leyendo), pero todos estarán alineados con quienes realmente somos.

Esta es nuestra nueva definición de ganarte a tu audiencia: *dominar las habilidades de conexión y conversación con el objetivo de mejorar cada situación con la que nos encontremos.*

Gestionar las diferencias

Al mismo tiempo, solo podremos ganarnos a nuestra audiencia cuando reconozcamos los diferentes temperamentos de las otras personas presentes. Yo necesito ser un conductor competente y con experiencia en la autopista, pero también necesito ser consciente de los distintos "estilos de conducción" de los demás. Ser un buen conductor me da confianza y libertad. Ser consciente de lo que hacen los otros conductores me mantiene con vida.

La primera parte del proceso para leer a tu audiencia requiere volverse hábil en ello (con el tiempo, con práctica). La segunda parte es usar esa habilidad al interactuar con los demás, gestionando las dinámicas que surgen cuando hay diferencias. Veamos algunas maneras en las que esto puede manifestarse.

Por ejemplo, algunas personas funcionan mejor temprano en la mañana, cuando tienen más energía y piensan con mayor claridad. Otras personas apenas pueden formar palabras o pensamientos coherentes durante las primeras horas del día, pero se comunican con total claridad en la noche. Si observas a alguien el tiempo suficiente, no es difícil darse cuenta de quién es quién. Si soy una persona matutina y mi jefe es una persona nocturna, programaré una reunión para hablar sobre mi carrera en el momento en que él esté en su mejor estado, no en el mío. No la haré demasiado tarde porque estaré en desventaja, pero evitaré una reunión a la hora del desayuno si necesito toda su atención.

O considera a los trabajadores remotos, que a menudo se sienten excluidos porque no están en la oficina para experimentar las conversaciones informales y espontáneas del día. Si yo estoy en la oficina, puedo asegurarme de enviar un correo rápido a un colega que esté trabajando a distancia cada vez que surja algo interesante o importante para que no se lo pierda. Gestos pequeños como este hacen que las personas sepan que importan.

También podría haber diferencias en la audiencia. Cuando hago una presentación a un grupo de científicos o ingenieros, por ejemplo, he aprendido la importancia de enfatizar hechos, cifras y datos; pero si estoy hablando con un equipo de ventas, me enfocaré en técnicas prácticas para crecer. Para ejecutivos de alto nivel, reforzaré su deseo de generar impacto.

Y, finalmente, la diferencia puede estar *en ti*. La manera en que tú percibes a una audiencia puede tener mucho sentido para ti, pero otra persona podría tener una perspectiva igualmente válida pero totalmente diferente. Reconocer esa realidad te permite establecer conexiones más potentes porque estás conectando con la realidad de quién es cada uno, sin tratar de cambiar al otro.

Sí, puedes ganarte a tu audiencia, pero solo si eres auténtico. No se trata de buscar apoyo ni atención; se trata de estar enfocado en impactar positivamente la experiencia de los demás. Si haces eso, igualmente recibirás mucho apoyo y atención.

Un nuevo enfoque: tu enfoque

He aprendido que la mayoría de las cosas en la vida pueden ser más sencillas de lo que yo pienso; sin embargo, eso no me resulta natural. Tiendo a pensar que, si algo va a tener gran valor, el proceso tiene que ser grande y complicado y estar bien investigado y lleno de palabras rebuscadas. Si lo mantengo demasiado simple, temo que las personas piensen que es demasiado banal y se vayan a buscar algo más profundo, con más páginas. Quiero que me vean como una persona profunda, así que uso palabras como *banal* en lugar de *común* u *ordinario*.

Al mismo tiempo, me doy cuenta de que las cosas que han tenido el mayor impacto en mí han sido sencillas. Claro que está bien enfrentar algo desafiante de vez en cuando y resolverlo, pero me impacta más cuando veo algo que puedo aplicar de inmediato porque simplemente tiene sentido.

Como mencioné antes, leí un montón de libros sobre el tema de leer e influir en una audiencia como preparación para escribir este libro. Algunos eran increíbles y otros me parecieron más banales (lo siento, tenía que hacerlo). Casi todos prescribían un "proceso infalible" que garantizaba el éxito. Era como si el autor dijera: "Así es como yo aprendí a hacerlo, y funciona. Si tú lo haces igual, también te funcionará".

Es ahí donde la mayoría de los libros se derrumbaron para mí. Cada vez que vemos una receta del tipo "hazlo así", es casi seguro que no obtendremos los mismos resultados. ¿Por qué? Porque cada persona es única. Podemos adaptar ideas de esas iniciativas, pero necesitamos que alguien nos guíe para personalizar un enfoque que encaje exactamente con quiénes somos. Es como esos anuncios de pérdida de peso que muestran fotos de transformaciones sorprendentes pero que tienen letra pequeña en la parte inferior de la pantalla que dice: "Los testimonios de pérdida de peso no garantizan resultados" y "Ningún resultado individual debe considerarse típico".

Un autor dijo que necesitábamos cambiar nuestro diálogo interno de: *Este evento me aterra*, a: *Voy a divertirme en este evento*. Estoy de acuerdo con él al cien por ciento, y también creo que es posible para cualquiera. Pero el contexto era que "diversión" significaba un ambiente de fiesta extrovertido. Para el 30 al 50 por ciento de la población que es más tranquila, eso se siente como una eternidad escuchando uñas rasgando una pizarra.

Cualquiera puede "divertirse" si encuentra un entorno en el que pueda ser totalmente él mismo. Es entonces cuando puede disfrutar ganándose a la audiencia dentro de su propio temperamento, libre de las expectativas de otros de hacerlo de cierta manera. Cuando se dominan las habilidades y el enfoque viene con una sensación de confianza, cualquiera puede esperar con entusiasmo ganarse a su audiencia.

Sammy Davis Jr. resumió la idea en su canción clásica *I've Gotta Be Me* (Debo ser yo mismo). Es un título sencillo pero cargado de verdad.

Cómo ganarse a una audiencia: lo básico

Entonces, ¿cuáles son las cosas más importantes que debes tener en cuenta cuando estés listo para lanzarte y ganarte a tu audiencia? Aquí tienes algunos elementos que puedes adaptar fácilmente a tu propio estilo y personalidad. No son una fórmula garantizada, sino más bien reflejan cosas de sentido común a las que los seres humanos responden.

Sonríe. Ya mencioné esto antes, pero cuando estamos nerviosos normalmente no sabemos cómo nos ven los demás. La manera más sencilla de mostrar que estás abierto a conversar es sonreír cada vez que estableces contacto visual con otra persona. Es un punto de conexión universal. No seas como la persona que evita el contacto visual en un autobús para que nadie elija el asiento a su lado.

Presta atención. Cuando hables con alguien, míralo directamente a los ojos para mostrar que estás escuchando. Haz preguntas más profundas para ampliar lo que dijo. No mires hacia la puerta ni por encima de su hombro. Si estás listo para terminar la conversación, ciérrala con gracia mientras sigues completamente atento, y luego continúa.

Fomenta la honestidad. Evita la adulación como si fuera una pandemia. Comparte palabras de aliento y cosas que admires y respetes de la otra persona, pero solo si son completamente sinceras. Las personas perciben la adulación, y eso crea una barrera entre ustedes.

Supón que los demás quieren conectar en un evento grande. Si no fuera así, no estarían ahí. No es arriesgado; lo peor que puede suceder es que no se impliquen, y entonces tú simplemente sigues a lo tuyo. Lo mejor que puede pasar es que hagas una nueva amistad.

Habla sobre la otra persona. Haz que se sienta cómoda enfocándote en lo que está diciendo en lugar de tratar de superarla con tu propia historia. Si te pregunta, responde. Pero, en general, enfócate en ella. Te recordarán por eso.

Da las gracias. Si hay una razón genuina para agradecer, no solo lo sientas; exprésalo. Tu afirmación casual y sincera puede alegrarle la semana a alguien porque probablemente no sabía que sus palabras o acciones habían tenido impacto. Sé la persona que marca la diferencia.

Sé generoso. Si puedes ofrecer algún recurso o presentarle a alguien, hazlo. Si los conectas con cosas y personas que pueden beneficiarles, habrás aumentado tu valor para ellos.

Concéntrate en los nombres. Cuando escuches el nombre de alguien, repítelo. Si es un nombre difícil de pronunciar para ti, pídele ayuda. Los nombres son importantes para las personas, y apreciarán el esfuerzo por decirlos correctamente. Cuando te encuentres con alguien que no has visto en mucho tiempo, no supongas que recuerda tu nombre; preséntate de nuevo.

Haz seguimiento. Si estableces una conexión positiva con alguien y quieres mantener el contacto, envía una invitación por LinkedIn u otra red apropiada lo antes posible después del evento. No aceptes una invitación a almorzar o tomar café por compromiso si sabes que no va a suceder. Simplemente di: "No quiero decir que sí ahora y luego no poder hacerlo realidad. Mantengamos el contacto por LinkedIn y vamos hablando".

Planea aprender algo nuevo. Cada persona con la que conectas tiene una experiencia y un trasfondo únicos. Si la estás conociendo por primera vez, todo será nuevo. Si es un colega con el que trabajas todos los días, no supongas que lo sabes todo sobre él. Haz que tu meta sea profundizar y descubrir algo que no sabes. Te enriquecerás con eso, y él o ella te respetará por haberlo sacado a la luz.

Acércate a los que no son celebridades. Es tentador tratar de conectar con las personas clave en una sala, pero las conexiones más significativas a menudo vienen de aquellos a quienes otros no se acercan. Puede que sean más callados por fuera pero ruidosos por dentro; llenos de experiencias e ideas valiosas que aún no han sido aprovechadas.

Mantente positivo. Tu actitud marcará el tono de la conversación. No te dejes arrastrar por conversaciones negativas; desvía la atención hacia el lado positivo y optimista. Tienes la capacidad de influir en cómo se sienten las personas con tu enfoque.

En resumen: todas estas ideas son ingredientes que puedes usar para crear tu propia receta para el éxito social. Pruébalas y decide cuáles se convertirán en parte de tu enfoque habitual en cualquier situación social, reunión o conferencia; en cualquier lugar donde se reúna gente. Una vez que hayas diseñado una forma única de desenvolverte en nuevas situaciones, cada oportunidad te llenará de energía.

No es solo leer a tu audiencia

En estos capítulos hemos aprendido un proceso simple que es fácil de personalizar, uno que encajará perfectamente contigo cuando lo hagas tuyo. Esa podría ser la razón principal por la que comenzaste a leer este libro: para aprender a desenvolverte bien en situaciones sociales.

"Pero espera... ¡aún hay más!", como dicen los anuncios de medianoche. Ahora que has aprendido a sentirte cómodo y con confianza en la sala, te sentirás mucho mejor. Pero esto también te da la oportunidad de marcar una diferencia en esa sala guiándola en nuevas direcciones. Podrías ser la persona en la cima con el puesto de liderazgo, o podrías estar usando "liderazgo no oficial" mediante una influencia silenciosa. De cualquier manera, esta es tu oportunidad para cambiar la dirección de la sala, y es tan simple como los pasos que ya hemos visto. Encontrarás la estrategia en la siguiente sección, ¡y podría darte un nuevo sentido de propósito!

Cómo liderar a tu audiencia (para tener influencia)

Convertirse en líder es algo similar a tener a tu primer bebé:

- Normalmente hay algo de emoción antes de que suceda, y dolor en el proceso.
- El rol no viene con instrucciones.
- Es mucha responsabilidad porque serás responsable de un ser humano.
- Con el tiempo, puede volverse muy gratificante (o muy desalentador).
- Es un compromiso en el largo plazo.

Si agarraste este libro porque querías sentirte más confiado ante tu audiencia, podrías sentirte tentado a detenerte aquí. Ya tienes un buen control de lo básico.

No te detengas ahora, ¡esta próxima sección es *justo* para ti! Puede que estés diciendo: "Pero yo no quiero ser un líder". Lo entiendo, y tiene sentido si pensamos en la definición común de *líder*: la persona en la cima que tiene una gran responsabilidad y tiene que hacer que las personas hagan cosas. Los líderes transmiten una visión, dirigen el espectáculo, y deben tener la educación adecuada y habilidades interpersonales.

Piensa en lo que hace el personal de emergencia en una situación de crisis. El valor que aportan no proviene de su personalidad o su temperamento. Son personas comunes que han sido entrenadas para saber cómo "leer a su audiencia" cuando llegan al lugar y discernir exactamente lo que está sucediendo; sin embargo, no se detienen ahí. Tienen un objetivo en mente: *marcar una diferencia*.

Imagina a un bombero que pasa por un entrenamiento para saber cómo ordenar el caos y llega al lugar, pero no hace nada. Sabe lo que debe hacer y tiene confianza en su conocimiento de cómo mejorar toda la situación. Simplemente no pasa a la acción.

"No te quedes ahí parado", gritaríamos. "¡Haz algo!".

Afortunadamente, ese casi nunca es el caso. Los rescatistas eligen entrar en esa línea de trabajo porque quieren marcar una diferencia para las personas. El entrenamiento no es solo para que se sientan mejor; es para que puedan cambiar las cosas en cualquier situación.

Por eso este libro es diferente. *Necesitamos* saber cómo leer a la audiencia a la que llegamos, tanto para ganar confianza como para sentirnos cómodos. Eso es fácil cuando sabemos lo básico y lo practicamos.

Pero hay una razón más profunda para llegar a ese punto: *la habilidad de marcar una diferencia*. Cuando lees bien a tu audiencia, puedes mejorar las cosas en esa sala. Puede ser tu influencia con una sola persona o con todo un grupo. Tu presencia llena de confianza naturalmente crea un *impacto*.

En esta sección, comenzaremos con una nueva definición de liderazgo, una personalizada y propia que surge de quién eres y te permite crear tu propia descripción de lo que involucrará. Puedes tener el título formal de líder, o simplemente podrías ser una persona más en la sala. En cualquiera de los casos, aprenderás lo que hace falta para liderar una sala y marcar una diferencia.

¡Vamos hacia allá!

CAPÍTULO 11

Liderar a tu audiencia

> Si quieres hacer feliz a todo el mundo, no seas un líder. Vende helado.
>
> Anónimo

Hace años atrás, vi una caricatura en el periódico local que mostraba a cientos de roedores corriendo hacia el borde de un acantilado (existe una creencia apócrifa común de que estos pequeños roedores tienen la costumbre de seguirse unos a otros, incluso hasta la muerte). La caricatura muestra al roedor que va al frente tambaleándose en el borde frente a la multitud que lo empuja, gritando: "¡Ya no quiero ser el líder!".

Algunas personas parecen haber sido creadas para los desafíos del liderazgo. Son extrovertidas y enérgicas, y la gente se siente atraída hacia ellas. Son capaces de tomar decisiones importantes bajo presión, elaborar políticas, y lograr que otros las sigan voluntariamente.

Otras personas respetan a esos líderes porque son buenos en lo que hacen. Al mismo tiempo, no tienen ningún deseo de estar en esa posición. ¿Por qué? Porque son personas completamente opuestas a esa descripción. Quieren marcar la diferencia, pero no de esa manera. Tal vez son más reflexivas o cautas, y hacen su mejor trabajo en entornos más pequeños y tranquilos, quizás incluso con una sola persona. Así que ser un líder no está en su radar.

A simple vista, tiene sentido que no todo el mundo pueda (o deba) ser ese tipo de líder. Hemos aceptado esa descripción del liderazgo como "la manera en que se hace". Desgraciadamente, así es como se desarrolla el proceso de pensamiento en nuestras mentes:

Pensamiento 1: *Un líder es una persona extrovertida con visión que irradia confianza y logra que la gente se mueva en una dirección.*

Pensamiento 2: *No soy extrovertido, no tengo visión, no irradio confianza, y nadie me sigue.*

Pensamiento 3: *Eso significa que no puedo ser un líder (así que no me interesa).*

Cada uno de nosotros tiene dos opciones. Una opción sería seguir pensando que el liderazgo no es para nosotros.

La otra opción es una que podría cambiar nuestra vida. Es un camino menos transitado, uno que redefine lo que significa ser un líder. Cambia la definición común por una que no solo se ajusta a quiénes somos, sino que también nos motiva a avanzar con propósito.

Por lo tanto, en primer lugar necesitamos una nueva definición.

Convertirse en un nuevo tipo de líder

Amelia es una autoproclamada introvertida que no tiene ningún deseo de estar "en la cima". Ese rol está muy fuera de su zona de confort y no le resulta atractivo. Por diversas razones, a menudo se encuentra en eventos de la empresa o reuniones sociales donde el tintinear de copas y las conversaciones superpuestas son la música de fondo en la sala. Nunca se ha sentido naturalmente segura en esas situaciones, pero estudió los conceptos básicos para leer lo que está sucediendo a su alrededor y desenvolverse bien en esos eventos.

En lugar de ser el centro de atención, descubrió una gran respuesta cada vez que se acercaba a las personas más calladas de la sala. Ellas respondían bien a su iniciativa con conversaciones fascinantes porque ella "daba el primer paso" y quería escuchar. También se volvió hábil ayudando a otros a superar esos momentos incómodos y conectándolos entre sí. Hacían nuevas conexiones y encontraban cosas en común, y nadie tenía que forzar el intercambio de tarjetas; se las pedían.

Amelia comenzó a esperar con gusto esos eventos porque podía notar que estaba marcando una diferencia para varias personas al crear un ambiente en el que se sentían valoradas y conectadas. Pronto eso se convirtió en su reputación, y la gente esperaba con entusiasmo su presencia. La veían como su líder porque sabía cómo mejorar sus vidas.

Este tipo de liderazgo está a disposición de cualquiera.

¿Dónde comenzamos? Dejando de lado nuestras ideas preconcebidas. Incluso cuando aprendemos cosas nuevas, a menudo nos aferramos a nuestros viejos paradigmas, prácticas, sesgos y suposiciones. Suponemos que todavía son aplicables, pero ¿y si están impidiendo que avancemos en nuevas direcciones? Es hora de estar dispuestos a soltar lo familiar para poder liderar de formas nuevas y relevantes.

El líder tradicional tiene su lugar. Si ese eres tú, esta es la oportunidad de perfeccionar tus habilidades para lograr el mayor impacto posible. Sientes que fuiste hecho para esto, y tienes razón.

Al mismo tiempo, también hay un lugar para el tipo de liderazgo no oficial que está al alcance de todos. Si nunca has considerado la posibilidad de ser alguien que genera cambios gracias a tu temperamento, esta es tu oportunidad de aprovechar ese temperamento para marcar una diferencia que nunca creíste posible. Siendo genuinamente tú mismo, puedes obtener un sentido de propósito y misión en cada situación e impactar las vidas de todos los que te rodean.

¡Es momento de pasar de ser un observador a ser un catalizador del cambio!

Liberar al ángel

Yo no escribo libros. Aunque este sea mi décimo libro, yo no creo la obra de arte pulida que llamamos "libro". Escribo manuscritos.

Cuando entrego mi mejor esfuerzo a la editorial, esos manuscritos tienen muchas ideas muy buenas e historias cautivadoras que están algo desordenadas y se desvían por caminos secundarios, mezcladas con párrafos que deberían estar en un orden distinto. Si lees mis manuscritos, podrías encontrar algunas buenas ideas, pero no serían obvias. Descubrir los mejores pensamientos ahí es como encontrar arcoíris en un charco de lodo.

Afortunadamente, tengo una editora que hace que valga la pena leer cada uno de mis manuscritos. Ella ve el potencial como la mamá de un adolescente que sabe que hay un buen muchacho dentro tratando de salir. No añade nada salvo sugerencias; da forma, pule y recorta todo lo que no funciona y no debería estar allí. También tiene el valor de eliminar mis historias favoritas que son divertidas de contar pero no refuerzan el mensaje. Luego lo pule hasta que parece un auto nuevo en la sala de exposición.

Yo escribo el manuscrito. Ella lo convierte artesanalmente en un libro.

Es similar a la manera apócrifa en que Miguel Ángel describió el proceso de convertir un bloque de piedra en una escultura terminada: "Vi al ángel en el mármol y esculpí hasta liberarlo".[1]

Así que recortemos las viejas definiciones de liderazgo que pueden frenarnos. Necesitamos soltar ideas que nos resultan familiares para adoptar otras que nos dirijan en una dirección nueva y poderosa.

Escribiendo una nueva descripción

¿Alguna vez has trabajado para un líder ineficaz? Piensas: *¿Cómo es posible que hayan puesto a esa persona en ese cargo?* La mayoría de las veces, llegaron a una posición de liderazgo porque se necesitaba a alguien y ellos eran la opción más fácil. A menudo no reciben ningún entrenamiento sobre cómo liderar, pero sienten que no pueden admitir que no saben lo que están haciendo, así que nunca reciben la ayuda que necesitan. Fingen tener seguridad y se vuelven más autoritarios porque no saben qué otra cosa hacer. Es una forma de encubrir sus sentimientos de incompetencia, que no se sienten libres de admitir.

Estas son algunas de las características del liderazgo ineficaz:

- *Dominante*. Le dice a la gente qué hacer en lugar de ayudarlos a hacer su contribución única.
- *Egocéntrico*. Se enfoca en sus propias necesidades y deseos a expensas de lo que otros quieren y necesitan.
- *Controlador*. Supervisa cada detalle de lo que otros hacen.
- *Intolerante a los errores*. Castiga los errores, lo que impide que las personas crezcan, se arriesguen y lo intenten.
- *No busca ni valora la retroalimentación*. Cree tener todas las respuestas y no escucha aportes de los demás.

- *Desconectado*. No reconoce sus propias deficiencias, así que no intenta obtener ayuda ni solucionarlas.
- *Enfocado en resultados a corto plazo*. Se preocupa más por lucir bien en el presente que por tomar las mejores decisiones para el futuro.

Si esa es la experiencia que hemos tenido con el liderazgo, ¿cómo no vamos a rechazarlo?

Entonces, ¿cuáles son las características del liderazgo eficaz?

- *Inspira*. Motiva a otros invitándolos a una historia y ayudándolos a ver por qué es importante.
- *Guía*. Muestra a la gente tanto el camino como los obstáculos para que puedan recorrerlo juntos.
- *Empodera*. Guía a las personas sin controlarlas, generando confianza con ellas.
- *Es responsable*. Asume la responsabilidad personal por sus propias acciones y decisiones, mostrándoles a otros cómo se hace.
- *Se comunica*. Escucha y empatiza, valora las contribuciones de los demás, y crea una estructura que hace que sea seguro para otros comunicarse.

Un líder trabaja para sacar lo mejor de los demás, no solo para decirles qué hacer. Se trata de lograr que otros den lo mejor de sí porque se sienten parte de algo importante. Como dice la autora Brené Brown: "Un líder es cualquiera que asume la responsabilidad de encontrar el potencial en las personas y en los procesos y tiene el valor de desarrollar ese potencial".[2]

¿Te fijaste en la palabra *cualquiera*? Sí, esa definición se aplica a las personas que tienen el título y el cargo de líder, pero aquí está la mejor noticia: *la misma descripción encaja con los "líderes no oficiales" que inspiran a todos los que se cruzan con ellos a ser mejores.*

Eso nos incluye a todos. Cuando entras a cualquier lugar, puedes ser un líder de inmediato. Tal vez sea con una sola persona o con todo el grupo. Tendrás confianza y estarás listo para marcar la diferencia. Ya no se trata de ti; se trata de hacer que las personas estén mejor cuando se vayan que cuando llegaron.

El diccionario dice...

Cuando empecé a investigar para este capítulo, supuse que necesitaba encontrar una definición común de liderazgo y luego crear una versión mejor. Al final decidí no inventar una propia. En lugar de eso, busqué una definición lo suficientemente sencilla como para recordarla, pero lo bastante poderosa como para encajar en nuestra conversación sobre liderar y leer a tu audiencia. Necesitaba ser algo que cualquiera pudiera aplicar fácilmente para generar un impacto, sin importar su temperamento.

Al final me decidí por una de John Maxwell, una de las voces más prolíficas sobre liderazgo en la actualidad. Ha escrito decenas de libros que ofrecen recursos prácticos y perspectiva a quienes desean liderar a otros, y es conocido por escribir contenidos tan profundos que casi parecen simples, lo cual es precisamente lo que los hace funcionar.

Aquí tienes su definición práctica, que usaremos a lo largo de nuestra conversación: *el liderazgo es influencia, nada más, nada menos.*[3]

Eso es una buena noticia para todos; todos tenemos la capacidad de influir en los demás. *Influencia* significa que cuando estás en presencia de otra persona, tus palabras, acciones y actitud aparecen en su radar (asumiendo que estén prestando atención, lo cual es otro tema que veremos más adelante). Cuando lo notan, reaccionan, y a menudo cambian su modo de pensar como resultado.

Esto va más allá de las habilidades de liderazgo que solemos asociar con líderes formales. Añade otra dimensión que permite a cualquiera liderar a otros a través de la influencia que puede tener en la vida de cada persona.

Algunos líderes (por lo general, los que tienen el título) hacen que las personas actúen mediante motivación *extrínseca*. Si las personas cumplen, se les paga. Si hacen bien su trabajo, se les asciende. Estos líderes motivan principalmente dando algo a cambio del desempeño. Si dejan de dar esas cosas, la persona deja de estar motivada y deja de rendir.

Otros líderes (a menudo los "no oficiales") usan la motivación *intrínseca*, apelando a lo que hay dentro de cada persona. Esas personas eligen contribuir porque quieren hacerlo, no porque se les obligue. Están motivadas internamente y entusiasmadas por una visión compartida de lo que las cosas podrían llegar a ser. Estos líderes no motivan principalmente dando cosas, sino inspirando.

El primer enfoque usa *dirección*. El segundo enfoque usa *influencia*.

Por eso el segundo enfoque funciona tan bien cada vez que entras a cualquier lugar. Si entraras a una fiesta y comenzaras a dar órdenes y decirle a la gente qué hacer, recibirías una respuesta bastante fría. Pero cuando tu objetivo es influir, simplemente te relacionas con las personas con el propósito de inspirarlas a ser mejores de lo que son en ese momento.

Al saber las habilidades básicas necesarias para entrar en una sala y reconocer que tenemos la capacidad de mejorar ese espacio a través de nuestra influencia única, en realidad podemos empezar a esperar con gusto cada oportunidad de entrar en una sala. Hemos pasado de sentirnos incómodos a estar cómodos, de ser cautelosos a sentirnos seguros.

Al hacer esto desarrollamos la confianza de que podemos liderar a un grupo a nuestra manera única.

Influencia simple

La influencia es intencional. No se trata de estar centrados principalmente en nuestra propia agenda, como el estereotipo del vendedor insistente que intenta convencer a la gente para que compre algo que realmente no quiere. Significa que entramos a cada lugar con una misión que es exclusivamente nuestra: descubrir qué le importa a otra persona y ayudarla a acercarse a satisfacer ese deseo.

El liderazgo por influencia no significa lograr cosas a través de otras personas (aunque eso a menudo sea una consecuencia). Significa facilitar el desarrollo personal y el autodescubrimiento. Un líder influyente ayuda a otros a descubrir fortalezas que no sabían que tenían (o reactivar las que han estado latentes a lo largo del tiempo). También les ayuda a usar esas fortalezas para enfrentar desafíos y luego crecer como resultado. ¿El resultado para la otra persona? Éxito organizacional, así como crecimiento y satisfacción personal.

No necesitas estar al frente para ser un líder. Tu capacidad para elegir a las personas adecuadas a las que vas a influenciar podría impactar a todo el grupo desde detrás de escenas. En lugar de ser la personalidad que guía a todos desde el frente, puedes establecer una conexión genuina y empática con cada persona que conozcas. Influirás en ellas al impactarlas individualmente. Ese impacto se expande a medida que ellas también influyen en las personas dentro de su círculo. Al influenciar a individuos, influyes también en las personas con las que ellos están conectados.

Eso es liderazgo genuino: influenciar a cada persona para que contagie otros.

Comienza contigo

El liderazgo no es una posición; es una extensión de quién eres. El liderazgo comienza con tu reputación y tu credibilidad. Cuanto más confíe en ti la gente, más escuchará tus palabras y más influencia tendrás. No puedes exigir influencia; se gana con el tiempo.

Todos hemos quedado impresionados con personas que parecían dinámicas y seguras de sí mismas, y elegimos seguirlas. Pero, con el tiempo, comenzamos a ver las inconsistencias en su carácter o su enfoque y nos dimos cuenta de que no eran dignas de nuestra confianza. Su influencia sobre nosotros se debilitó porque vimos más allá de la fachada. Al mismo tiempo, también hemos conocido personas que no eran tan carismáticas pero construyeron confianza con el tiempo. Fueron constantes en su forma de actuar, demostrando ser dignas de confianza en cada situación. Cuanto más tiempo pasábamos con ellas, más confiábamos en su carácter y su competencia.

Cuando eso sucedió, tuvieron más influencia sobre nosotros. En otras palabras, se convirtieron en líderes en quienes podíamos confiar.

¿Dónde comienza tu camino para convertirte en una persona influyente y digna de confianza? Al convertirte en una persona íntegra. Trabajar en quién eres por dentro se manifiesta por fuera. Tal vez la gente no diga nada, pero lo sentirá. Se sentirán atraídos por tu constancia cuando demuestres tu compromiso y autenticidad.

Sin duda, es importante aprender habilidades tradicionales de liderazgo a medida que crece tu influencia, pero el lugar para comenzar es el carácter. Enfocarse en las habilidades sin el carácter interno es como pintar una casa llena de termitas. Puede verse nueva y brillante por fuera, pero se desmoronará cuando lleguen las tormentas.

Cuando comiences a influenciar a quienes te rodean, no te centres en tus habilidades de liderazgo. Concéntrate en ser un catalizador que se preocupa por desarrollar el liderazgo en los demás. Al influir en ellos, comenzarán inconscientemente a hacer lo mismo con otros. Anima a los demás de esta manera, y sus habilidades de liderazgo crecerán desde adentro hacia afuera.

No hagas que tu objetivo sea que la gente te mire y diga: "Esa persona es el líder". Haz que tu objetivo sea ayudarlos a verse a sí mismos como líderes. Guíalos a descubrir sus propias fortalezas y rasgos de carácter, y después anímalos a usar esa base para influenciar a los demás.

CAPÍTULO 12

Liderar con influencia en una sala virtual

Si tenemos datos, veamos los datos. Si todo lo que tenemos son opiniones, vamos con la mía.

Anónimo

"Muerte por Zoom". Esta frase se acuñó en 2020, unos meses después del inicio de la pandemia. Reflejaba la nueva normalidad que se había convertido en parte del mundo de la mayoría de los empleados.

Antes de que la pandemia lo cerrara todo, la mayoría de las personas se levantaban y se iban a trabajar todos los días. Si alguien trabajaba desde casa, probablemente era un "creativo", como un artista o escritor, u otro tipo de autónomo. Eran la excepción, y su trayecto diario solía ser de un lado de la casa al otro. Millones de personas que se movían en auto o en transporte público pensaban con envidia: *Ojalá yo también pudiera trabajar desde casa.*

Bueno, su deseo se cumplió. El problema fue que nadie sabía cómo hacerlo, y fue un desastre. Las empresas se apresuraron a averiguar cómo seguir operando sin tener a las personas físicamente en la misma sala, y esas personas tuvieron que descubrir cómo era trabajar desde casa. Ahora tenían que manejar la dinámica de hacerlo todo en el mismo espacio en un entorno que normalmente usaban para relajarse después de un día completo de esfuerzo.

Las reuniones virtuales por video ya existían antes, pero no formaban parte de la realidad diaria de muchos empleados. Ocasionalmente, alguien hacía una llamada por Skype para conectarse con alguien en otro estado o país, pero la mayoría de las cosas ocurrían en persona. Si querías hablar con un colega, recorrías el pasillo. Si querías reunirte con un cliente lejano, te subías a un avión.

Sin previo aviso, las videollamadas se convirtieron en la única opción viable. Las personas que estaban cómodas con sus rutinas diarias tuvieron que comenzar desde cero. No solo tuvieron que aprender una nueva tecnología para sobrevivir, sino que también tuvieron que aprender nuevas maneras de relacionarse entre ellas. Las "reglas" antiguas ya no parecían aplicar. ¿Había cambiado el código de vestimenta porque ahora trabajaban desde casa? ¿Cómo sabían los jefes si sus empleados realmente estaban trabajando? ¿Cómo podían las personas mantenerse concentradas y evitar las distracciones del televisor, el refrigerador y las siestas?

Uno de mis clientes era un gran banco en Los Ángeles. Me reunía regularmente con un hombre en su oficina, y siempre vestía impecablemente con traje y corbata. La primera vez que apareció en pantalla cuando tuvo que trabajar desde casa, estaba sentado al borde de su cama con una camiseta desgastada y pantalones cortos, con el cabello despeinado, como si acabara de levantarse de la cama. Me sorprendió al principio, hasta que me di cuenta de que todos estaban intentando aprender a manejar esta nueva situación.

Daba igual lo bueno que fueras para leer a tu audiencia, en un entorno virtual todo era diferente:

- Ya no tenías la ventaja de estar físicamente presente en la misma sala con los demás.
- Podías ver las caras de las demás personas en pantalla, pero casi nadie usaba gestos normales. Y, si lo hacían, no los veías porque quedaban fuera del encuadre.
- No sabías cómo intervenir de manera efectiva para comentar algo, así que las personas terminaban hablando unas por encima de otras.
- Podías ver los ojos de alguien, pero no había contacto visual. Como miraban la pantalla en lugar de la cámara, parecía que estaban mirando ligeramente a un lado.
- Si levantabas las cejas al hacer un comentario, nadie respondía cambiando su expresión facial como lo harían en persona.
- Las personas no se sentían cómodas en cámara y a menudo la apagaban, por lo que no tenías idea de qué estaban haciendo ni cómo estaban reaccionando.
- Las personas no estaban acostumbradas al botón de silencio y se olvidaban de desactivarlo cuando hablaban, de modo que nadie las escuchaba. O se olvidaban de silenciarse y no se daban cuenta de que todos podían escuchar lo que pasaba a su alrededor.

Nadie se dio cuenta de cuán agotador sería comunicarse en ese entorno durante horas. Cuando no podemos leer a nuestra audiencia como estamos acostumbrados, es difícil saber cómo ser líder para influenciar.

Ahora, unos años después, ya nos acostumbramos a conectar por video virtualmente, pero eso no significa que sepamos cómo prosperar en ese entorno. Por suerte, cualquiera puede dominar las habilidades para leer a su audiencia en una sala virtual. Unas cuantas consideraciones básicas pueden marcar una gran diferencia, tanto en tu confianza como en la influencia que puedes tener en cualquier sala (seas el líder formal o no).

Cuando eres un participante

La mayoría de las reuniones presenciales tienen a alguien que dirige el encuentro. El resto son participantes con diferentes niveles de implicación. Siempre hay algunos que hablan pronto y con frecuencia, respondiendo a comentarios y preguntas, y presentando sus ideas. Otros hablarán ocasionalmente, pero por lo general prefieren escuchar. El resto del grupo no contribuye a menos que se les nombre. Esto no significa necesariamente que no estén participando; puede que simplemente sean más callados, escuchando y procesando antes de hablar.

En una sala física no es difícil leer a tu audiencia si usamos los cuatro pasos de los que hablamos antes: *observar el entorno*, *interactuar con la gente*, *planear tu enfoque* y *ejecutar tu estrategia*. Tenemos la ventaja de estar en el mismo lugar, viendo todo lo que ocurre a nuestro alrededor y escuchando todas las partes de la discusión. Eso aplica en cualquier contexto, incluso en un entorno social donde observamos a las personas, las escuchamos y captamos lo que está ocurriendo. Podemos acercarnos fácilmente a cualquiera y comenzar una conversación para construir una conexión y explorar sus pensamientos.

En una sala virtual es diferente. A menos que seas una de las personas extrovertidas, es un reto que te vean y te escuchen. Eso da la sensación de que podrías tener limitada tu capacidad de influir en la sala porque estás en las sombras. Sabes que necesitas ser tan visible como si estuvieras en un espacio físico, pero ¿cómo?

En un entorno virtual, todo cambia. Las reglas no son las mismas, y necesitas estrategias diferentes si quieres mantenerte visible y marcar la diferencia. Por suerte, hay cambios sencillos que puedes hacer, sin importar lo que hagan los demás, y no necesitas convertirte en el alma de la fiesta para que funcionen:

- Si no se ha proporcionado una agenda del día antes de la llamada, pregúntale a tu contacto si está disponible. A menudo no se distribuye porque nadie la lee. Si puedes conseguir una copia, léela para ordenar tus ideas y datos y estar listo para contribuir.
- Entra a la sala virtual temprano. Si eres de los primeros en la llamada, puedes saludar a las personas mientras se conectan, y reconocerán tu presencia. Cuando otros se vayan uniendo, naturalmente mirarán quién está ya presente; y ahí estarás tú. Si entras tarde, nadie lo notará y probablemente no lo harán durante el resto de la reunión.
- Asegúrate de tener buena iluminación y que la cámara te muestre claramente. De hecho, observa en tu próxima llamada cuántas personas están a oscuras o resulta difícil verlas. Vale la pena el esfuerzo para asegurarte de destacar en el grupo.
- Coloca tu computadora (o cámara externa) sobre algunos libros o un soporte para que la cámara esté un poco por encima del nivel de los ojos. No solo hará que parezca más natural conversar, sino que también mejorará tu postura (que es el único lenguaje corporal que las personas verán).

- Cuando participes, usa gestos simples que puedan verse fácilmente en la pantalla, como pulgares arriba o el signo de OK. Échale un vistazo a tu imagen mientras hablas para asegurarte de que tus gestos se vean bien.
- Deja que tu rostro muestre interés, tal como lo harías en una reunión presencial. La mayoría de las personas no muestra expresión en las videollamadas, así que destacarás. Al menos, sonríe cuando sea apropiado.
- Mantén tu cámara prendida siempre que puedas, pero apágala ocasionalmente durante reuniones largas. Es agotador tener a las personas mirándote durante un tiempo prolongado, y estarás más fresco si tomas descansos. Apagar la cámara también te permite ponerte de pie y moverte un poco.
- Evita la tentación de hacer varias cosas a la vez. Todos lo hacemos a veces, pero mantenerte enfocado te ayuda a tener más influencia porque tendrás más concentración, más que aportar, y más creatividad para hacer seguimiento después de la reunión. Además, puede que la gente no sepa que estás revisando tu correo o jugando solitario, pero notarán tu mirada perdida. Si no pareces interesado, no estás en posición de marcar la diferencia.
- Cuando quieras hacer un comentario, no esperes una oportunidad para poder hablar como hacen los demás (y arriesgarte a que te interrumpan). Simplemente levanta la mano y mantenla levantada hasta que alguien te vea. Normalmente alguien se dará cuenta y establecerás un ejemplo para que otros hagan lo mismo. También podrías sugerírselo al líder de la reunión como una buena práctica para el equipo. Es una forma sencilla de influir en el flujo de la conversación con tu ejemplo.

- Domina tu botón de silencio. Mantente en silencio cuando no estés hablando, pero asegúrate de estar listo para desactivarlo tan pronto como te hagan una pregunta.
- Sé conciso cuando hables. Expón tu punto, respáldalo brevemente con razones o datos, y luego detente. Gánate la reputación de no hacer perder el tiempo hablando en círculos.

Si quieres a leer a tu audiencia e influir en ella, las personas tienen que saber que estás presente (ya sea en una sala virtual o física). Por eso, el primer paso es asegurarte de que eso suceda.

Cuando estás a cargo

Si eres tú quien dirige la llamada, es tu responsabilidad asegurarte de establecer el tono y la estrategia que más beneficie a los participantes. Hay cosas sencillas que puedes hacer para que la gente espere con gusto esas llamadas porque sienten que es un buen uso de su tiempo. Aquí tienes algunas de las áreas clave de las que ser consciente.

Presentación

Es fácil perder la energía cuando estás presentando en una sala virtual porque no hay tanta energía proveniente de los participantes. No puedes captar sus gestos o expresiones faciales porque parece que no están prestando atención. Si permites que eso te desanime, será contagioso. Que las personas no asientan con la cabeza no significa que no estén atentas. Es solo un entorno diferente, así que debes ser intencional para mantener tu nivel de energía tan alto como si estuvieras frente a ellos.

Evita un monólogo largo en el que solo estés dando información. En una sala virtual es más fácil distraerse y más difícil mantenerse enfocado. Prestar atención requiere otra clase de energía; un entorno físico tiene más elementos para mantener el interés de la gente. Mantén tu presentación breve y concisa, e intercala interacción, encuestas, videos o sesiones breves en grupos pequeños.

Asegúrate de que la agenda del día y los objetivos estén claros desde el principio. Reporta a las personas exactamente qué se va a tratar, cuándo terminarás, y qué esperas de su participación. Luego termina la reunión exactamente a tiempo, lo cual demuestra respeto por sus horarios (y genera confianza porque cumples tus promesas).

Si estás usando una presentación con diapositivas, videos, sesiones en grupos pequeños o cualquier otro método, pide a alguien antes de la llamada que se encargue de la parte tecnológica para que tú puedas enfocarte en la dinámica del grupo. Aunque seas bueno usando el *software*, esto te permitirá concentrarte completamente en el grupo (considera pedirle ayuda a una persona introvertida, ya que a menudo son detallistas y se sienten honradas de que les hayas pedido colaborar de una forma que se adapta bien a ellas).

Interacción

El factor más importante para lograr una buena participación en una sesión virtual es reconocer los temperamentos que están presentes. En cualquier grupo, aproximadamente la mitad de las personas serán más extrovertidas y la otra mitad más introvertidas. Si el mundo estuviera compuesto solo por extrovertidos, se tomarían muchas decisiones y se llevarían a cabo muchas acciones, pero muchas de esas decisiones podrían no tener éxito porque carecerían de la profundidad que puede aportar una persona introvertida. Si el mundo estuviera compuesto solo por introvertidos, surgirían ideas asombrosas que podrían cambiar el mundo, pero no se llevarían a cabo.

En cualquier reunión, la mayoría de los líderes lanzan preguntas y dejan que las personas respondan, y los extrovertidos se lanzan a la discusión. Comparten sus ideas de manera abierta y rápida, y fácilmente pueden ocupar todo el tiempo de la sesión. El líder se va pensando que fue una gran discusión porque hubo mucha energía en la sala.

Lamentablemente, fue unilateral. Las mejores ideas del grupo nunca salieron a la luz porque los introvertidos necesitan tiempo para procesar por su cuenta. Por lo general, no tienen problema en compartir, pero no hasta que hayan formado bien sus ideas. ¿Cómo puedes asegurarte de incluir sus aportes, especialmente en una reunión virtual? Lo mejor es ser intencional a la hora de ayudar a cada uno a expresarse de la manera que le resulte más fácil. Aquí tienes algunas ideas:

- Unos días antes de la reunión, pide a un par de personas que estén listas para compartir sus ideas durante la reunión sobre el tema que se tratará en la sesión. Las personas que normalmente no hablarían suelen agradecer la oportunidad de compartir sus ideas cuando han tenido tiempo de prepararse.
- Informa al inicio de la sesión que pedirás aportes de voluntarios más adelante e incluso podrías llamar a algunas personas. Al mismo tiempo, asegúrate de que sepan que si los llamas, pueden decir "todavía no". Eso les hace saber a todos que están trabajando en sus ideas y que compartirán algo un poco más adelante.
- Si es apropiado, di que habrá una tarea que deben entregar un par de días después de la sesión. Pide a cada persona que resuma sus pensamientos y dé su opinión sobre lo discutido, incluyendo cualquier idea nueva. Eso da a los

extrovertidos la oportunidad de resumir sus ideas, y a los introvertidos la oportunidad de procesarlas y hacerse oír.

- Anima a las personas a compartir pensamientos rápidos por el chat, especialmente si no se sienten cómodas hablando. Los introvertidos suelen tener algo que decir pero no saben cómo interrumpir. Cada pocos minutos, revisa la conversación escrita y relaciónala con tu tema.
- Organiza una llamada virtual después de la reunión con personas que no hablaron pero te dieron la impresión de que podrían tener buenos aportes. Hazla breve, pide sus pensamientos y reacciones, y agradéceles. Siempre que sea posible, menciona una de sus ideas en la siguiente reunión y explica que la obtuviste en una conversación posterior con ellos.

Muchos libros sobre este tema tienen muchas ideas para lograr una buena interacción pero no explican cómo involucrar a todas las personas del grupo. Aprende la mejor manera de captar las ideas de cada uno individualmente y aprovecha ese enfoque.

Mecánica de las reuniones

Los pequeños detalles pueden hacer que una sesión virtual sea un éxito o un fracaso. Ten en cuenta las siguientes indicaciones al dirigir la llamada.

No hagas perder el tiempo a nadie

Es tentador comenzar con juegos para romper el hielo y otras preguntas informales para conocerse. La idea está bien, pero elige un contexto mejor. Por ejemplo, una empresa que conozco organiza un almuerzo virtual mensual exclusivamente para conectar sin hablar de trabajo. Envían una tarjeta regalo a cada persona para pedir comida a domicilio y luego los invitan a participar en una "casa abierta" virtual de noventa minutos. Las personas pueden entrar y salir cuando quieran, y es totalmente voluntario.

La gente está ocupada y a menudo ve las reuniones como una demora inevitable para completar su trabajo. Mantén la reunión ajustada y eficiente para respetar su tiempo: prepara una agenda, cíñete al horario, y termina a tiempo. No permitas que nadie se desvíe hacia temas que no están relacionados con el propósito de la reunión. Las personas se sienten seguras al saber exactamente qué esperar para poder organizar su día.

Al final de una reunión, nunca preguntes: "¿Alguien quiere decir algo más?". Si parece que la reunión está por terminar, la mayoría pensará: *¡No! Que nadie diga nada*. No llenes el tiempo solo porque terminaste antes; la gente ve ese final anticipado como un regalo.

Establece reglas básicas simples

Cuando hagas preguntas, anima a las personas a responder por escrito en el chat en lugar de hacerlo verbalmente. Esto evita que las personas hablen por mucho tiempo y da a todos la oportunidad de participar. Luego, revisa las ideas escritas de forma verbal e incluye una breve discusión sobre los pasos a seguir.

Si tienes un video que los participantes deben ver, pídeles que lo vean antes de la reunión. Así, podrán estar preparados para compartir sus ideas durante la sesión. Puede que al principio no lo tomen en serio, pero si haces que la discusión sea interesante y relevante, sentirán que se pierden algo si no lo ven (por ejemplo, hay una empresa que requiere que las personas asistan a la reunión informativa, pero no pueden participar si no vieron el video con antelación).

Antes de cada reunión, pide a una persona que lleve un registro de la sesión. No serán actas formales que nadie leerá;

será un documento de una página que contenga esta sencilla información:

1. ¿Cuáles fueron los puntos principales tratados en la reunión?
2. ¿Qué tareas se asignaron y quién es responsable de cada una?
3. ¿Cuándo deben completarse esas tareas?

Ten siempre un propósito

La gente necesita saber que ninguna reunión será una pérdida de tiempo. Asegúrate de tener una razón válida y un propósito claro para cada reunión. Nunca te reúnas solo porque está en el calendario semanal. Pregúntate: *¿Qué es lo peor que pasaría si cancelamos esta reunión?* o *¿Hay mejores maneras de lograr lo mismo?* Si no es esencial reunirse, cancela la reunión o reduce el tiempo a la mitad.

Ten cuidado al grabar una reunión virtual. Muchos participantes se mostrarán más reacios a compartir si saben que sus palabras quedarán grabadas para que otros las oigan. Si hay una sección en la que deseas registrar las aportaciones, informa que grabarás esa parte. Inicia la grabación cuando comience esa sección y apágala al terminar.

Haz todo lo posible por mantener un tono conversacional. De por sí las reuniones virtuales tienden a ser más formales que las presenciales.

Si quieres ayudar a que las personas sean más productivas y se distraigan menos en un entorno virtual, considera organizar una reunión colaborativa virtual a una hora determinada cada día que dure un par de horas. Las personas pueden entrar a esa sala sin que haya discusión alguna; solo una oportunidad para trabajar junto a otras personas que están haciendo lo mismo.

Es como ir a una biblioteca a estudiar. No hay muchas distracciones y todos tienden a mantenerse enfocados. Siempre habrá algunas personas que se conecten todos los días, mientras que otras entrarán cuando tengan alguna fecha de entrega que cumplir.

Domina la sala virtual

No es difícil dominar las habilidades para leer a tu audiencia, incluso en salas virtuales. Aprende las habilidades básicas (de la parte 2) y cómo aplicarlas. Luego, experimenta en nuevos entornos para ganar confianza.

¿El resultado? Ya sea que estés dirigiendo la reunión virtual o simplemente seas un participante, tus acciones sencillas pueden ser el catalizador para cambiar lo que sucede en esa sala. Y es posible que los demás ni siquiera se den cuenta de que está ocurriendo.

¡Eso te convierte en un "líder no oficial" de cualquier audiencia!

CAPÍTULO 13

Liderar con influencia desde el frente de la sala

Sé claro, sé breve, guarda silencio.

Riaz Meghji

lguien dijo que hay dos tipos de personas en el mundo:

1. Las que se sienten cómodas hablando frente a otros.
2. Las que no.

Eso es una generalización bastante grande, porque muchos de nosotros encajamos en ambas categorías dependiendo de la situación. Algunas personas se sienten como en casa en un escenario frente a una audiencia, pero tienen dificultades para responder cuando se les da la palabra en una pequeña reunión de equipo. Otras personas destacan al presentar información a su jefe en una conversación uno a uno, pero estarían aterradas si se les pidiera presentarla a todo el departamento.

El primer grupo es, con mucha diferencia, el más pequeño, formado por personas que esperan con gusto la oportunidad de hablar en voz alta. El segundo grupo es el más grande (tal vez hasta el 90 por ciento de nosotros), que comienza a sudar cuando se nos pide hacer una presentación. Por eso el comediante Jerry Seinfeld sugirió una vez que, en un funeral, la mayoría de la gente preferiría estar en el ataúd que dando el discurso.[1]

No importa en qué grupo estés; este capítulo es para ti. Puede que te sientas cómodo presentando frente a otros, y lo hagas con frecuencia, pero eso no significa que seas todo lo eficaz posible. A veces, la comodidad nos impide desarrollar nuestras habilidades y tener un mayor impacto, así que necesitamos descubrir cómo lograr que nuestras palabras marquen más la diferencia.

Puede que te inclines más por escuchar que por hablar en voz alta porque eso se siente más seguro, pero todos tenemos que hacer presentaciones de vez en cuando:

- Te han pedido que el trabajo que has estado haciendo lo presentes ante cien personas en una conferencia.
- Estás en una entrevista de trabajo y necesitas presentar tus habilidades y experiencia con confianza.
- Tienes una reunión con tu jefe para solicitar más fondos para tu proyecto.
- Te encuentras con el director general de tu empresa en un elevador y quieres parecer inteligente.
- Te llaman al frente de una reunión grande sin previo aviso para compartir tu experiencia sobre el tema.
- Has estado escuchando un rato en una reunión de departamento, y alguien te pregunta: "¿Y tú qué opinas?".

En estas situaciones, tu habilidad para leer a tu audiencia se vuelve invaluable rápidamente. Si eres bueno hablando, puedes tener aún más impacto. Si eres reservado para compartir, puedes encontrar tu voz sin miedo.

Cuando estás leyendo a tu audiencia y actuando en función de lo que ves, estás marcando una diferencia. Definimos liderazgo como "influencia", y hay algunos pasos sencillos que puedes dar para que el momento de presentar y hablar frente a otros se convierta en tu herramienta más valiosa para comunicarte con eficacia.

Esto no es un curso sobre cómo ser un orador (hay muchos de esos cursos disponibles). Por el contrario, aprenderás habilidades fáciles de dominar para ser eficaz en cualquier situación. La confianza puede convertirse en tu normalidad. Tu perspectiva puede pasar de "*tengo* que hablar" a "*tengo la oportunidad* de hablar". Ya no verás el hablar en público como una experiencia estresante. En lugar de eso, la verás como una oportunidad para generar impacto. Experimentarás la recompensa de usar tu posición de influencia para ayudar a otros a pensar y actuar de modo diferente.

En otras palabras, enfocarás tu atención hacia afuera en lugar de hacia adentro. Cuando nos preocupa lo que otros piensan de nosotros, nos enfocamos en sentirnos bien con nuestro desempeño. Cuando nos enfocamos en el impacto que podemos generar en otros, prestamos atención a ellos en lugar de a nosotros mismos. Cuando eso sucede, no tenemos tiempo para preocuparnos por nosotros mismos porque estamos enfocados en generar impacto.

Demasiadas miradas

Hace años, estaba en un restaurante para almorzar y ya me habían sentado en una mesa bastante alejada de la puerta. Estaba esperando a la persona con la que me iba a reunir, así que seguía mirando hacia la entrada para poder hacerle una señal cuando llegara. Después de unos diez minutos, un hombre que estaba sentado en otra mesa entre la puerta y yo se levantó furioso y me dijo: "¿Cuál es tu problema? ¿Por qué me estás mirando?". Ni siquiera lo había visto, pero él pensaba que lo había estado observando todo el tiempo.

Eso fue incómodo.

¿Qué sentirías si alguien (o todos) en un restaurante se volteara y te mirara fijamente? La mayoría de nosotros comenzaríamos a preguntarnos si hay algo que está mal de nuestra apariencia y no nos hemos dado cuenta, o qué estará pensando la otra persona. Como mínimo, sería tremendamente incómodo. No estamos acostumbrados a que nos miren fijamente en público.

Así es como muchos de nosotros nos sentimos cuando hacemos un comentario en cualquier tipo de reunión. Miramos alrededor de la sala (o de la pantalla), y todos nos están mirando. Eso no ocurre en la vida cotidiana, así que puede desconcentrarnos.

Afortunadamente, al leer bien a nuestra audiencia antes y durante la reunión podemos saber cómo responder con confianza en cualquier situación. El proceso es sencillo. No importa si estamos hablando con una persona o con mil; debemos ser agradecidos por tener la oportunidad de usar nuestras palabras para influir en los demás. Cuando sabemos que nuestras palabras pueden marcar una diferencia, no nos importará que la gente nos mire. Si están prestando atención, sabremos que estamos aportando algo de valor. Si no lo hacen, sabremos que no estamos conectando.

¿Cómo llegamos al punto de estar dispuestos a que nos miren? Nos enfocaremos en dos factores: lo que hacemos antes del evento para prepararnos, y cómo manejamos el evento mientras ocurre.

Qué hacer antes del evento

La preparación es la clave para hablar con éxito. Ya sea que vayas a planear cuidadosamente lo que vas a decir o a aprender sobre las necesidades de los participantes, tu impacto y confianza serán el resultado directo de cuán intencional seas en tu preparación. Si simplemente te presentas y esperas lo mejor, podrías sobrevivir, pero tu impacto será limitado.

Los tres componentes de una preparación completa son las *personas*, el *contenido* y el *entorno*.

Conoce a las personas

Varias semanas antes de cada presentación, programo una llamada con el líder para aprender todo lo que pueda sobre las personas, su mentalidad y sus responsabilidades. Mi objetivo cada vez no es simplemente presentar información; es satisfacer las necesidades específicas de los participantes.

He presentado varias veces un seminario para un grupo de ingenieros aeroespaciales. Eran responsables de lanzar cosas al espacio y hacer que aterrizaran con éxito en otro planeta. Sus líderes me dijeron que eran un grupo de personas con mucha energía e inteligentes, y que me encantaría pasar el día con ellos. También me dijeron que tuviera cuidado de no hacer demasiados comentarios improvisados que fueran irónicos o humorísticos, porque hablarían y cuestionarían la veracidad de lo que dijera. Es cierto que su trabajo consistía en ser precisos. Se desenvolvían mejor con hechos, cifras e ideas concretas que con conceptos generales que explorar. Esa información fue extremadamente valiosa antes de entrar en la sala.

En otra ocasión, dirigí una sesión de medio día sobre productividad para un grupo de abogados en una prestigiosa firma legal. La persona a cargo de ese grupo me advirtió que la dinámica sería inusual, así que también mis expectativas debían ser diferentes.

"Todos son extremadamente competentes en su área específica del derecho y son los mejores en su campo. Se especializan; pero realmente no tienen conocimientos profundos sobre otras cosas, así que no tendrás que preocuparte de que cuestionen nada de lo que presentes", me dijo. "Al mismo tiempo, no esperes interacción grupal. Están entrenados para que nunca parezca que no tienen una respuesta, así que no harán preguntas, incluso si no entienden algo". ¡Agradecí mucho haber sabido eso con antelación!

La misma necesidad de conocimiento aplica al interactuar en una reunión de equipo o una videollamada. Tómate unos minutos para repasar lo que sabes sobre esas personas si trabajas con ellas, o pregunta a otros si no las conoces. Cuando entiendes los matices de quién está en la sala y cuáles son sus relaciones, podrás adaptar tus ideas y comentarios para satisfacer sus necesidades específicas. Reflexiona o pregunta qué es importante para ellos, cuál es la estructura de la organización, y cuáles son los roles y responsabilidades de los miembros del grupo. Habla con varias de esas personas con antelación para entender la dinámica de su trabajo, y luego entrevista al gerente para conocer su perspectiva si es posible.

El *coach* ejecutivo Andrew Bryant escribió: "Presentar tu idea o dar información sin saber en qué estado se encuentra la audiencia o qué es importante para ellos, es como manejar por la autopista con los ojos vendados".[2] No tienes que saberlo todo, pero intenta saber lo máximo que puedas. Cuando tienes una comprensión clara de las personas que están a tu alrededor te sentirás mucho más confiado.

Conoce el contenido

Si improvisas con un par de ideas que se te han ocurrido justo antes de una sesión, tenderás a sentirte perdido si la discusión toma un camino diferente. Lo que hables debe encajar con lo que es importante para los participantes. Si lo encuentran útil y valioso, automáticamente tendrás su atención. Si no es relevante, perderán el interés. Lo que ellos necesitan es mucho más importante que lo que tú quieres presentar (esto es lo que piensan, aunque no lo digan). Puede que tú conozcas el valor de lo que estás diciendo, pero si no puedes conectarlo con sus necesidades les parecerá irrelevante.

Esto aplica tanto a los oradores experimentados como a los más reticentes. No se trata de cuán sociable seas o cuán fuerte es tu capacidad de interactuar. Todo el mundo necesita claridad y precisión. Cuando no te preparas bien, el resultado más común es hablar demasiado y dar vueltas sin llegar a nada. Eso frustra a las personas porque les hace perder el tiempo.

Ya sea que estés haciendo una presentación formal o comentarios en una reunión, estos son los elementos esenciales:

- Conoce el propósito de tu contenido.
- Elabóralo de forma sucinta y precisa. Trata de describirlo en una sola frase poderosa y no tengas más de tres puntos breves y aclaratorios para reforzar tu objetivo.
- No te expliques en exceso. Comparte tu punto y respáldalo lo más rápido posible. Luego deja que las personas hagan preguntas, a las cuales puedes responder con el mismo formato (comparte tu punto, luego respáldalo). Deja que tus opiniones adicionales surjan al responder sus preguntas en lugar de iniciarlos tú mismo.
- Sigue reforzando tu punto principal. Al final, si alguien le pregunta a un participante "¿de qué trató esa sesión?", debería poder decir ese punto principal porque lo reforzaste muy bien.

- Imagina que tienes que pagar cien dólares por cada afirmación que presentes, pero responder preguntas es gratis. Mantén un presupuesto estricto sobre lo que dices.

Cuando alguien te hace una pregunta en una reunión, ten cuidado con la tendencia a construir tu respuesta mientras la entregas. Tómate unos segundos para pensar y luego comparte un solo punto. Si dices algo más, debería ser solo para reforzar ese punto. Puede que eso deje a las personas queriendo saber más, así que pedirán aclaraciones. De nuevo, esa es una forma de darles lo que quieren en lugar de darles a la fuerza respuestas a preguntas que no tenían. Aprende a responder preguntas en lugar de añadir demasiados puntos. Te ganarás la reputación de ser un pensador y comunicador claro porque das lo que necesitan a quienes te escuchan.

En situaciones en las que estés haciendo una presentación planificada, tómate el tiempo para prepararla cuidadosamente. En situaciones en las que estés participando en una discusión, mantén tus comentarios concisos y breves, y luego deja que otros te pidan más.

Conocer el entorno

Aprendí hace mucho tiempo que si visito la sala de reuniones donde voy a presentar antes de que tenga lugar la sesión, me sentiré mucho más confiado. Cuando llego al evento, no me gusta tener que explorar la dinámica de la sala al mismo tiempo que me preparo para hablar. Si puedo revisarla el día anterior y asegurarme de que todo esté en orden, llegar al evento es como regresar a casa. Cuantas menos preocupaciones tenga el día del evento, más confiado me sentiré con mi presentación.

Cuando vuelo a otra ciudad para dar una sesión, siempre manejo hasta la ubicación de la reunión después de registrarme en mi hotel, aunque sea muy tarde. Así no tendré que averiguar mi ruta a la mañana siguiente. Puedo decidir dónde estacionar y qué entrada usar. Si es en un hotel, le digo al gerente de la recepción que voy a hablar allí al día siguiente y pregunto dónde se llevará a cabo la sesión. A veces puedo entrar en la sala y echar un vistazo, pero incluso si está cerrada al menos puedo saber dónde está.

Si es una reunión en la oficina de alguien, llego con suficiente antelación como para caminar un poco por el edificio y tener una idea de cómo es el lugar. Observo el diseño y el "tono" del lugar, pensando en cómo sería trabajar allí. Observo a las personas, me asomo a los cubículos o a las oficinas, y escucho las conversaciones casuales. No toma mucho tiempo y no necesito mucha información. Solo estoy usando mis habilidades de evaluación para no entrar en mi conversación o reunión sin ninguna preparación.

Cuanto más te prepares, más confiado te sentirás. No estarás preocupado por tu desempeño; estarás buscando maneras de usar tu influencia para aportar algo a cada situación que encuentres.

Qué hacer durante el evento

Ya sea que estés hablando a un grupo grande o a solo tres personas alrededor de una mesa, sé intencional. Las siguientes son cosas que debes tener en cuenta en cualquier situación.

Cuando sientas que estás perdiendo a tu audiencia

Sé interesante. Es común pensar que las personas que se desconectan parecerán aburridas o irritadas. A veces hacen lo contrario para que *pienses* que están prestando atención. Por ejemplo, si están sentados alrededor de mesas y la mayoría te mira y sonríe, luego mira hacia sus manos debajo de la mesa... están en sus teléfonos. No los avergüences; simplemente cambia lo que estás haciendo para que regresen.

Una vez hice un seminario en una sala sin ventanas y con solo un interruptor de luz. Cada vez que apagaba las luces para ver un video, la sala quedaba en completa oscuridad. La primera vez que lo hice, los manteles blancos brillaban como platillos voladores (por la luz de todos los teléfonos debajo de las mesas redondas). Era obvio, así que tuve que abordarlo sin reprender a las personas: "Bueno, no me había dado cuenta de que los teléfonos emitían tanta luz. Intentaré mejorar mi presentación para ser más interesante que su correo electrónico".

Asegúrate de que tu contenido siga siendo sencillo y esté bien organizado para que las personas no tengan que esforzarse por entender lo que estás presentando. Observa lo que está ocurriendo en la sala. Si notas que no conectas, reduce la velocidad y simplifica. Comparte un solo punto y luego guía una interacción en torno a ese punto.

Cuenta historias en lugar de solo presentar principios, incluso cuando compartas un punto en un grupo pequeño. El autor John Maxwell dice: "La mejor manera de expresarte es a través de una historia. Yo pensaba que era a través de principios sin historias. Fue un gran error".[3]

Mantén tu sentido del humor. Eso no significa contar chistes, lo cual siempre es peligroso. Simplemente mantén un enfoque informal y observa cosas que alivien el ambiente. Por ejemplo, yo solía dar clases en el complejo de oficinas de Disneyland, que tenía siete salas de conferencias nombradas según los siete enanitos. Por alguna razón, siempre me asignaban la sala "Tontín", lo cual proporcionaba una gran oportunidad para un poco de humor autocrítico al comienzo de la clase.

Desarrolla confianza preguntando con frecuencia mientras estás presentando. Tras haber hablado un rato, intenta preguntar: "Estoy suponiendo que estas ideas son correctas... ¿cómo coinciden con su experiencia? Les he estado contando mi perspectiva, pero exploremos la de ustedes antes de seguir adelante".

Cuando estés nervioso

Sé realista con tu diálogo interno para asegurarte de que sea preciso.

¿Olvidaste decirles a las personas un punto clave? Tu audiencia no sabe lo que planeabas decir, así que no saben que cometiste un error.

¿Perdiste el hilo de tus pensamientos? Admítelo, y regresa a él. Si finges, tu audiencia sabrá que estás improvisando porque tu discurso no tendrá sentido. Siempre escribe tu propósito: el punto principal que intentas compartir. Regresa a él con frecuencia para unir todo.

¿Te sientes estresado por cómo te perciben los demás? Cambia tu enfoque a ayudarlos en lugar de verte bien. Si los ayudas, quedarán impresionados.

¿Eres el líder? Saluda a las personas cuando lleguen de la misma manera que lo harías en una cena en tu casa. Eres el anfitrión, así que hazles saber que estás agradecido de que estén ahí.

¿La conversación se está volviendo un poco tensa? Mira más allá de los comentarios sarcásticos para descubrir qué está ocurriendo debajo de la superficie. Es como hacer *rafting* en aguas rápidas; los rápidos son causados por las rocas en el lecho del río, no por el agua misma.

¿Es hora de terminar la reunión? No concluyas diciendo: "¿Alguna pregunta?". Eso invita a que las personas compartan trivialidades no esenciales que no afectan a los demás. En su lugar, pregunta algo como: "Basándote en lo que has aprendido en tu propia experiencia y tu investigación, ¿cómo ves que podrías aplicar lo que hemos hablado en tu trabajo?". Estás posicionándolos a ellos como los expertos, no a ti, y eso aumenta la confianza.

Cuando no estés seguro de sus señales no verbales

Si alguien está callado, no supongas que no está prestando atención. Alguien que hable mucho podría estar contribuyendo, pero puede que no esté escuchando. Los más callados podrían estar procesando para poder dar forma a sus ideas y compartirlas más tarde.

Si alguien se recuesta en su silla, asiente un poco, sonríe y parece relajado, no se está desconectando. Está de acuerdo contigo.

Deja que otras personas hablen primero siempre que sea posible. De lo contrario, te conviertes en un médico que da una receta antes de hacer un diagnóstico. Escucha a las personas para entender su posición, no como una estrategia para que escuchen tu opinión. Recuerda que *escuchar* rima con *callar*.

Felicidades, ¡eres un líder!

Leer a tu audiencia es la habilidad fundamental crítica para marcar la diferencia en cualquier situación. Con ella, obtienes la competencia y la confianza que necesitas para saber lo que está ocurriendo, lo cual te permite compartir tus pensamientos y tu contribución sin intimidación.

Si el liderazgo es influencia, ¡ahora tienes las herramientas que necesitas para poner esa influencia en práctica!

CAPÍTULO 14

Liderar con influencia por medio de la comunicación escrita

> Escribir es fácil. Lo único que tienes que hacer es tachar las palabras incorrectas.
>
> Mark Twain

Hay varios restaurantes en distintos países del mundo donde todos comen en la oscuridad. No puedes ver la comida que estás comiendo, ni a las personas con las que estás sentado, ni nada de lo que ocurre a tu alrededor. A menudo, en este tipo de restaurantes los camareros son ciegos o tienen discapacidad visual, y la comida está diseñada para ayudar a las personas videntes a experimentar lo que es no poder ver. También es una experiencia sensorial en la que se bloquea un sentido para que los demás se agudicen durante la comida.[1]

Todo lo que hemos hablado sobre leer a tu audiencia depende de tus sentidos. Cuando entras en una sala llena de gente, es fácil leer a tu audiencia. Tienes una gran ventaja porque puedes sumergirte en el entorno. Puedes usar todos tus sentidos para saber qué está sucediendo:

- puedes observar a las personas (vista);
- puedes escuchar a las personas (oído);
- puedes dar la mano a las personas y sentir objetos físicos como papeles, sillas, etc., que forman parte del lugar (tacto);
- puedes percibir cualquier aroma en la sala, como comida, café, u olores de construcción (olfato);
- puedes probar cualquier aperitivo que hayan sacado (gusto).

Cuando estás en una reunión virtual, solo puedes usar dos sentidos:

- ves a las personas en la pantalla (vista); y
- puedes escuchar a las personas hablar (oído).

Si estás al teléfono, solo puedes usar un sentido:

- Escuchas a las personas (oído).

Cuando intentas comunicarte mediante correo electrónico, mensajes de texto o redes sociales, te quedas *sin sentidos*:

- no tienes retroalimentación de la otra persona mientras estás escribiendo, así que es completamente unilateral hasta que te respondan; y

- no puedes ver su lenguaje corporal ni sus expresiones faciales cuando estás hablando, así que no puedes saber qué están pensando.

Eso es un problema, porque pasamos una buena parte del día procesando correos electrónicos. Enviamos mensajes de texto en lugar de llamar. Dedicamos horas a leer y reaccionar a publicaciones en redes sociales. En otras palabras, escribimos mucho más de lo que solíamos hacerlo y hablamos mucho menos. Hemos adoptado la idea de que la comunicación digital es igual de eficaz para conectar que estar juntos. Pero cuando escribimos, hemos pasado de tener un diálogo de ida y regreso a simplemente teclear nuestras ideas y presionar el botón de enviar.

Un estudio reciente descubrió que el trabajador de conocimiento promedio pasa unas veinticuatro horas por semana comunicándose, y casi veinte de esas horas son comunicación escrita (aproximadamente la mitad de su semana laboral).[2] Por eso es inútil hablar sobre liderar bien sin tener en cuenta las bases de escribir bien. No necesitamos un curso completo sobre redacción comercial, solo una comprensión de las piezas más críticas de lo que funciona y lo que no funciona cuando estamos poniendo palabras en una pantalla.

Cuando estamos cara a cara, conectamos. Construimos relaciones. Tenemos momentos humanos. Al mismo tiempo, la comunicación electrónica no va a desaparecer. Entonces, ¿qué se supone que debemos hacer? ¿Cuál es la clave para leer y liderar a través de la comunicación escrita?

Ser intencionales

Escribir en formato digital parece un reto considerando que no podemos usar ninguno de nuestros sentidos. Al mismo tiempo, juega un papel muy importante en la forma en que nos comunicamos, así que no podemos ignorarlo. ¿Cómo podemos liderar a las personas cuando no hay nadie en la sala?

Siendo intencionales.

Cuando somos intencionales a la hora de dominar una sala y enfocarnos en las necesidades de los demás, hacemos lo contrario a llegar e improvisar. Entramos en la sala con confianza, practicando los cuatro pasos (observar el entorno, interactuar con la gente, planear tu enfoque, y ejecutar tu estrategia) en cada situación.

Los entornos presenciales captan nuestra atención porque estamos interactuando con personas en tiempo real. Cuando nos comunicamos digitalmente, tendemos a escribir rápido sin considerar el impacto que podrían tener nuestras palabras. Escribimos nuestros correos o publicaciones y los enviamos sin revisarlos para corregir errores (y luego tenemos que disculparnos por los errores). ¿Cuántas veces hemos enviado un mensaje de texto a alguien y nuestro teléfono lo ha autocorregido y convertido en algo confuso o vergonzoso? Es una señal de que no estamos prestando mucha atención, y eso es fundamental para liderar a una audiencia a través de nuestra influencia.

Ser intencionales significa hacer todo lo posible para asegurar que nuestras palabras escritas tengan un impacto a pesar de no estar cara a cara. Significa que, antes de enviar cualquier mensaje, nos ponemos en el lugar de la persona que lo recibirá. ¿Cómo leerán estas palabras? ¿En qué contexto viven? ¿Cómo es su mundo? En otras palabras, *observamos el entorno*; el primer paso para leer a tu audiencia.

Ser intencionales significa tratar nuestras conversaciones escritas como si fueran habladas. ¿Cómo sería la conexión si estuviéramos sentados al otro lado de una mesa con esa persona en una cafetería? ¿Y cómo podemos trasladar esa misma dinámica a nuestras palabras escritas?

Aunque escriban bien, la mayoría de las personas raras veces se comunican con la misma efectividad digitalmente que en persona. Si puedes ser intencional en dominar el arte de la comunicación digital, destacarás por encima de casi todos los demás. Las personas leerán lo que has escrito y sentirán que los conoces, te importan, y los entiendes. Te verán como un amigo en quien pueden confiar, no como un vendedor que solo ve comisiones. Cuando tu correo llegue a su bandeja de entrada, lo abrirán primero.

No tienes que convertirte en un escritor profesional para lograr esto. Solo tienes que aprender a tener conversaciones reales con personas que no están en la sala.

Hablemos de cómo hacer eso.

Liderazgo a través de la comunicación escrita

La escritura formal y académica tiene su lugar. Este no es ese lugar.

Cuando nos conectamos electrónicamente, es como si entráramos a un evento social presencial para conectar. Queremos iniciar una relación, no solo entregar información. En la sala física podemos hablar con las personas que están allí. Cuando entramos a una sala digital, no vemos a nadie ni virtualmente ni en persona. Puede que no estén en línea, así que no verán lo que hemos escrito de inmediato. Cuando lo vean, queremos que sientan lo mismo que sentirían si escucharan nuestras palabras en lugar de leerlas: *me conocen y les importo.*

Estoy seguro de que no entrarías a una reunión, te acercarías a alguien que no conoces, e intentarías venderle algo. Esa persona se sentiría ofendida porque la trataste como un objeto, no como una persona a la que valoras. Por el contrario, lo que harías sería acercarte a ella como ser humano primero, y luego compartirías el terreno común de esa humanidad mediante una conversación simple.

Lo mismo ocurre con la escritura. Cuando alguien lee tus palabras, debe sentir que está teniendo una conversación real con una persona real. Debe interesarte lo que es importante para ellos, no solo lo que es importante para ti. Por lo general, no les dices qué hacer ni les das instrucciones, sino que les brindas ánimo para que puedan mejorar porque conectaron contigo.

En otras palabras, estás liderando a través de tus palabras escritas. Estás marcando la diferencia.

¿Quieres saber si tu escritura está cumpliendo esa tarea? Mira el último correo electrónico que escribiste y léelo en voz alta para ver cómo suena. ¿Cómo responderías y te sentirías si alguien te dijera esas palabras?

La escritura digital puede usarse con fines profesionales, pero seguirá teniendo más impacto cuando sea conversacional. Es una línea delgada en la que intentas ser relajado pero respetuoso. El contexto determinará lo que es apropiado. Lee correos electrónicos o artículos escritos por esa persona o incluso por esa organización para captar el tono, y luego intenta mantenerte un poco más cercano que lo que leíste.

Diez elementos esenciales para la comunicación electrónica digital

Cuando estés leyendo a tu audiencia en un entorno digital, escribe de una manera que conecte de forma rápida y poderosa. Puede que no tengas el tiempo necesario para tomar un curso de redacción, aunque podría ser útil. Afortunadamente, hay diez cosas que puedes poner en práctica de inmediato para mejorar drásticamente lo que la gente ve y siente cuando lee tus palabras (y ninguna de ellas tiene que ver con ortografía, puntuación, o gramática).

1. Usa menos palabras

Piensa en cuántos correos electrónicos y mensajes recibes cada día y lo largos que son la mayoría. Haz que tu escritura sea concisa, y destacará. Tus lectores lo agradecerán, y con el tiempo tus mensajes serán siempre los primeros que abran.

2. Usa palabras más simples

No estás escribiendo para impresionar a la gente, sino para tener una conversación con ellos. Las personas usan palabras comunes cuando están cara a cara, así que evita usar palabras rebuscadas solo porque las estás escribiendo. Di "usar" en lugar de "utilizar", o "muchos" en lugar de "numerosos". El editor Mark Moran da esta razón: "No es que nuestros lectores sean ignorantes o poco inteligentes. Es que están muy ocupados".[3]

3. Vuelve a leer tus palabras

En persona puedes darte cuenta de que dijiste algo incorrecto por la expresión en la cara del otro. En la escritura no puedes saberlo. Lee *siempre* cada mensaje de nuevo al menos una vez antes de enviarlo. Detectarás errores accidentales y tendrás la oportunidad de aclarar cualquier cosa confusa.

4. Escribe para una sola persona

Hace años atrás, cuando trabajaba en la radio, un mentor me dijo que recordara que la gente escucha la radio sola, no en grupo. Dijo: "Estás hablando tú solo a un micrófono, y miles de personas están escuchando. Pero están solas, así que háblales como si solo fueran una". Este es un gran consejo también para la escritura digital. Puede que tu mensaje se envíe a cien personas, pero cada una lo lee en su propia pantalla. Haz que sientan que el mensaje es solo para ellos.

5. Ve al grano

En persona hablamos de cualquier cosa para comenzar a conectar, así que es tentador "calentar motores" y "preparar el terreno" por escrito antes de entrar en la petición. No lo hagas. En lugar de eso, comunica tu punto lo más rápido posible para que sepan qué quieres decir, y luego desarrolla el resto del contenido. De lo contrario, podrían dejar tu mensaje para más tarde, cuando tengan tiempo para averiguar qué quieres, o incluso simplemente eliminarlo. Tu correo no es el único en su bandeja de entrada, así que capta su atención siendo quien se lo pone fácil.

6. No desperdicies la línea de asunto

No desperdicies la línea de asunto con frases genéricas como: "Petición rápida" o "Espero que estés bien". Comienza con una palabra clave que indique qué tipo de mensaje es, como: "Petición de", "Agenda para" o "Información sobre". Luego resume tu mensaje en tres a cinco palabras. Por ejemplo, en lugar de: "¿Puedes revisar esto?", escribe: "Petición de revisión de agenda". Sabrán exactamente de qué trata el mensaje antes de comenzar a leerlo.

7. Haz que parezca fácil

Dado que la persona que lee solo está usando su sentido de la vista, haz que tu mensaje parezca lo más simple posible. Recuerda esta perspectiva sobre tu escritura: *si parece difícil de leer, lo es*. Todos hemos visto correos o mensajes que son bloques enormes de palabras. Por esa razón:

- usa párrafos cortos con mucho espacio en blanco;
- usa viñetas (como estas) cuando puedas en lugar de escribir en párrafos;

- en mensajes más largos, usa encabezados para dividir el texto. El objetivo es que el lector vea tu mensaje y piense: *Bien, esto va a ser fácil de leer.*

8. Mantente activo

Comienza siempre con el sujeto, luego la acción. Esto se llama *voz activa*, que es lo opuesto a la *voz pasiva*. La gente habla en voz activa; pero suele usar voz pasiva al escribir. La voz activa dice: "Me senté en la silla". La voz pasiva dice: "La silla fue ocupada por mí". Pon al sujeto primero y la acción después, y tu escritura parecerá una conversación normal.

9. Haz que se trate del otro

¿Alguna vez has tenido una conversación en la que la otra persona solo hablaba de sí misma todo el rato? Seguramente pensaba que se estaba comunicando bien porque no paraba de hablar, pero para ti fue egocéntrico y difícil de conectar. Para captar la atención de alguien por escrito, mantente enfocado en la otra persona: sus intereses, prioridades, y necesidades. Sentirá que te importa, y habrás abierto la puerta a futuras conversaciones en las que probablemente también te pregunte sobre ti. Siempre que presentes un problema, incluye una o dos posibles soluciones. Asegúrate de que lo que escribas siempre ofrezca valor.

10. Sé amable

Es común que la gente use el sarcasmo en tono de broma o comentarios cínicos en conversaciones en vivo con amigos que los entienden bien. Sin embargo, por escrito, esas cosas casi siempre se perciben como negativas. No hay tono de voz ni lenguaje corporal que dé contexto. Cuando tengas que hacer cualquier comunicación importante, escríbela primero y luego pídele a un colega de confianza que la lea para evaluar el tono. "¿Cómo crees que sueno en esta nota? ¿Qué estado de ánimo crees que tengo?". También puedes esperar veinticuatro horas y releer tu mensaje antes de enviarlo. Habrá pasado el tiempo y podrás detectar mejor los comentarios sarcásticos. Como aconseja Alexandra Samuel: "Apunta a una comunicación en línea que te haga sonar un 30 por ciento más amable de lo que realmente eres".[4]

Puedes hacerlo

Cuando escribes en una sala digital, no se trata de buscar la perfección. Nadie gana el premio Pulitzer por un correo o mensaje de texto. Estás escribiendo para conectar y comunicar. Estás liderando la sala; por eso quieres que la gente piense y actúe de modo diferente. El objetivo es que de todo el contenido que las personas tienen disponible para leer, el tuyo destaque.

Si no te gusta el término *escribir*, usa *comunicar* en su lugar. Las palabras escritas que a veces parecen tediosas pueden transformarse en herramientas para construir relaciones interpersonales y marcar la diferencia. Incluso podrías probar a usar la función de dictado por voz de tu *software* o dispositivo, o grabar lo que quieres decir antes de escribirlo. Tendrás el estilo conversacional que necesitas y podrás editar esas palabras en lugar de redactarlas desde cero.

Recuerda: estás entrando a una sala, aunque esté "vacía". Lee a tu audiencia y luego lidérala. No tardarás tanto como crees en ser bueno en esto. Es una habilidad que se puede aprender, y es aún más fácil porque el objetivo no es ser perfecto. No te compliques. Comienza con un pequeño paso y luego desarrolla tus habilidades para seguir avanzando.

¡La idea es liderar a otros para que mejoren solo a través de tus palabras!

PARTE 4

Cómo servir a tu audiencia (para tener impacto)

El término *servir* tiene mala fama, especialmente en el ámbito del servicio de alimentos.

Las personas que atienden mesas tienen la capacidad de ofrecer a sus clientes una gran experiencia gastronómica, pero a menudo no se les valora. A veces, esos clientes las ven como "sirvientes de la realeza" y actúan como monarcas que esperan que les proporcionen todo lo que desean, cuando lo desean. Esperan perfección y deciden dejar poca propina (o escribir una reseña negativa en el internet) si no están satisfechos.

La gente no va a escuelas de negocios con la esperanza de convertirse en sirviente. Muchos lo hacen con la idea de convertirse en jefes y triunfar a lo grande en el mercado. Otros quieren tener una influencia estratégica en una empresa usando las habilidades que han aprendido. No muchos sueñan con una carrera en la que simplemente hagan lo que se les dice para mantener contentos a los demás.

Esa es la visión común de lo que significa servir. Una mejor visión podría llenar de energía toda tu carrera, o incluso toda tu vida.

En 2015 el concepto de servicio adquirió un nuevo significado gracias a una película animada: *Minions*.

En esta comedia, los *minions* son criaturas pequeñas, amarillas, y con forma de píldora cuyo único propósito es servir. Están hechos para ello y caen en depresión cuando no pueden servir. Desgraciadamente, su meta es servir a los amos más malvados que puedan encontrar. El escritor Paul Asay describe cómo funciona:

> No llevamos ni tres minutos de película cuando el narrador nos dice directamente para qué están hechos: para servir al villano más grande, malvado y perverso que se pueda imaginar. Bueno, al menos hasta que lo matan sin querer. Sirven al Tiranosaurio Rex hasta que lo lanzan por un precipicio por accidente.[1]

Cuando todos sus amos malvados desaparecen, se vuelven apáticos y pierden la motivación, ya que no tienen a quién servir. Así que tres *minions* (Kevin, Stuart y Bob) se embarcan en un viaje para encontrar un nuevo amo malvado al que puedan seguir.

El hecho de que los *minions* estén tan apasionados por servir, aun sirviendo a las personas equivocadas, es de admirar. Fueron hechos para servir.

De hecho, nosotros también.

En la parte 1 exploramos el significado de leer a tu audiencia y por qué es importante. En la parte 2 hablamos sobre cómo leer a tu audiencia, lo cual nos da la confianza para entrar en cualquier sala y saber exactamente qué hacer para manejar la situación. La parte 3 habla de usar esa confianza para liderar la sala (sin importar el tipo) y marcar la diferencia en las personas que están allí. Según nuestros objetivos, definimos liderazgo como *influencia*, lo cual significa que cualquiera puede marcar esa diferencia simplemente siendo uno mismo, desde el introvertido más callado hasta el extrovertido más ruidoso.

En esta parte final pasamos de la *influencia* al *impacto* al explorar la mentalidad, el conjunto de habilidades, y las herramientas necesarias para servir a los demás como una forma de marcar realmente la diferencia en las vidas de las personas con las que nos cruzamos. Esto le añade propósito a nuestra capacidad de leer a una audiencia porque podemos añadir significado a nuestras habilidades. Cuando nos enfocamos en las necesidades de los demás por encima de las nuestras, todo el entorno cambia en beneficio de todos (incluidos nosotros mismos).

Esto es lo que veremos:

La visión que cambiará tu vida para servir a tu audiencia.
El reto del cambio.
Diez pasos descendentes para alcanzar la grandeza.
El momento del legado.

Aquí es donde todo se une. La mayoría de las personas se enfoca en satisfacer sus propias necesidades: tener éxito, desenvolverse bien, recibir elogios por su trabajo, y obtener recompensas económicas. Este enfoque cambia nuestra atención de "nosotros" a "ellos" para leer, liderar, y servir en cada sala con el objetivo de marcar una diferencia en las vidas de los demás.

Podemos tener un impacto mayor del que jamás imaginamos sin alejarnos de nuestra propia personalidad. Si cambiamos nuestro enfoque, todo lo demás también cambia.

¡Es un enfoque infalible para cambiar el mundo!

CAPÍTULO 15

La visión que cambiará tu vida para servir a tu audiencia

El servicio a los demás es la renta que pagas por tu cuarto aquí en la tierra.

Muhammad Ali

Hace unos años atrás entré en una librería con mi nieta Averie. Ella quería ver si alguno de mis libros estaba en los estantes, así que nos acercamos a una joven en el mostrador y le preguntamos.

"¿Podrías indicarnos dónde está la sección de autoayuda?", pregunté. Es ahí donde normalmente colocan mis libros.

La mujer vaciló, luego sonrió y dijo: "Bueno, eso sería contraproducente, ¿no cree?". Una respuesta ingeniosa; tenía razón.

Es interesante que la sección de autoayuda de las librerías suele ser bastante grande. Probablemente significa que muchos de nosotros estamos más interesados en "ayudarnos a nosotros mismos" que en pedir ayuda a alguien. Somos independientes.

Estamos en una cultura que dice: "Puedo hacerlo; no necesito a nadie". Si tenemos que pedir ayuda, sentimos que hay algo que está mal en nuestro interior. No presentamos un currículum que incluya "necesitado" como una de nuestras fortalezas; queremos demostrar que tenemos lo que hay que tener.

Eso es un problema. Como seres humanos fuimos creados para la conexión. Nos necesitamos unos a otros, por muy independientes que nos sintamos. "Todos estamos divididos entre el deseo de privacidad y el miedo a la soledad", dice el escritor Andy Rooney.[1] Queremos cuidar de nosotros mismos, pero necesitamos las aportaciones de los demás en nuestras vidas. Generalmente, solo nos damos cuenta de lo que nos falta cuando no tenemos esas aportaciones.

Ambas cosas son importantes. Es la ley de la oferta y la demanda. Todos tienen necesidades y todos tienen habilidades únicas. La sociedad tiene éxito cuando ambas están en juego. Cuando tenemos una necesidad que no podemos cubrir por nuestra cuenta, recurrimos a las habilidades de otros para satisfacer esa necesidad. Cuando tenemos habilidades que otros necesitan, estamos disponibles para ayudarles.

Stephen R. Covey sugiere que la mayoría de las personas sobrevaloran la *independencia* y subestiman la *interdependencia*. Queremos sentirnos bien con nosotros mismos, lo cual normalmente está ligado a nuestra capacidad de cuidarnos sin necesitar a otros. Eso es independencia. No es algo malo, y es esencial si queremos cubrir las necesidades de otros. Es una habilidad fundamental que nos hace sentir seguros cuando estamos con otras personas.

Pero esa no es la mayor expresión de madurez, dice Covey. La *interdependencia* es usar nuestra *independencia* para satisfacer las necesidades más profundas los unos de los otros. Una vez que hemos desarrollado un sentido saludable de independencia, es importante comenzar a usar esa confianza para marcar la diferencia. Si no lo hacemos, podemos quedarnos atrapados en nuestro propio pequeño mundo, enfocándonos solo en nosotros mismos y en lo que nos hace felices. Cuando eso sucede, privamos a los demás del enorme valor que podemos aportar a sus vidas, y no logramos dejar huella en el mundo.[2]

Piensa en un bebé. Los bebés dependen de los adultos para satisfacer sus necesidades básicas. En una situación saludable, los padres pasan unos dieciocho años tratando de darles a sus hijos todo lo que necesitan para convertirse en adultos independientes y funcionales. Invertimos en ellos, dándoles las herramientas que necesitarán para la vida. Si desarrollan amistades saludables a medida que crecen, comienzan a aprender el valor de la comunidad. Si esas relaciones faltan, les será difícil dar los siguientes pasos hacia una vida saludable e independiente. Estarán constantemente leyendo a su audiencia en cada espacio al que lleguen con el objetivo de sobrevivir, no para experimentar relaciones sanas y mutuas.

Con el tiempo, los niños crecen y se convierten en adultos, se gradúan de la secundaria y se mudan para independizarse. Usan las habilidades que han adquirido para desenvolverse en la vida. Usamos la expresión "dejar el nido" para describir esta transición. Han aprendido lo suficiente como para comenzar por su cuenta. En los años siguientes, perfeccionan sus habilidades de vida.

A medida que avanzan, llegan a una encrucijada. Tienen la opción de vivir solo para ellos mismos o usar esa independencia para invertir en los demás. Con suerte, descubren una verdad sencilla: una vida saludable, plena y de impacto es el resultado de invertir en los demás.

Como dice Simon Sinek, "Si fuéramos buenos en todo, no nos necesitaríamos unos a otros".[3] La realidad es que no somos buenos en todo, así que nos necesitamos. Todos.

El poder de la conexión

Cuando estoy escribiendo un libro, paso más tiempo solo de lo que es saludable. Juntar palabras en una página proviene del pensamiento, no de la conversación. Mis conversaciones son las que producen las ideas y los ingredientes en bruto que entran en la mezcla, y mi escritura sufre cuando eso falta. Pero cuando llega el momento de elegir las palabras y darles forma en frases y párrafos, eso tiene que suceder en la soledad. Es una actividad independiente, no interdependiente.

Cuando tengo una fecha límite, también paso a solas más tiempo de lo normal para poder terminar el proyecto. Siento que no me puedo permitir el lujo de conectar con las personas porque eso interrumpiría mi progreso. Desgraciadamente, pasar demasiado tiempo solo significa que no hay nadie que cuestione mis pensamientos e ideas o que me mantenga motivado. Comienzo a creer todo lo que pienso, y mis pensamientos pueden ser negativos. Es fácil para mí quedarme atascado y sentirme desmotivado, lo que me conduce a sentirme culpable y estancado.

Necesito tiempo a solas para hacer el trabajo. Necesito tiempo con otros para mantenerme fresco y con energía.

Para mí, esa conexión se produce de dos maneras en este momento. Primero, estoy entrevistando a personas por sus historias y conocimientos que aportan material para este libro. Estas personas están en posiciones donde tienen que leer a audiencias específicas, y quiero saber cómo lo hacen y cuáles son los resultados y beneficios.

Segundo, me estoy reuniendo con personas que me importan para disfrutar la vida juntos. No hay agenda, solo conexión. Es increíble cómo noventa minutos tomando café pueden llenarme de energía para escribir, aunque ni siquiera estemos hablando de escritura. Me siento mejor y pienso mejor.

Ambas conversaciones logran el mismo propósito: interacción cara a cara con otros. La conexión se convierte en el combustible para todo lo que hago, y todo está basado en el servicio.

Esto es igual de cierto para los introvertidos que para los extrovertidos. Yo soy introvertido, lo que significa que necesito mucho tiempo a solas para recargar mis baterías y poder hacer lo que hay que hacer. Al mismo tiempo, no quiero usar la introversión como excusa para evitar la conexión. No tiene que ser un grupo ruidoso de personas en un restaurante; puede ser simplemente una situación "apta para introvertidos" como una conexión tranquila con uno o dos amigos de confianza (una situación que encaja con el perfil de la mayoría de los introvertidos).

La vida está diseñada para vivirse en compañía, no completamente solo. Se trata de encontrar el balance adecuado que te dé más energía. Se trata de cuidarte para poder servir a los demás.

El servicio requiere autocuidado. Los asistentes de vuelo siempre nos indican que nos pongamos nuestra propia mascarilla de oxígeno antes de ayudar a otros con la suya. Si no seguimos ese orden, no podremos cuidar ni de nosotros mismos ni de los demás.

El valor de mirar hacia afuera

Crecí en Arizona, en los días en que no tratábamos de protegernos del sol; el objetivo era tomarlo más. De ahí viene la frase "bronceado saludable". Si tomabas más el sol, se consideraba saludable.

Como resultado, hoy en día tengo una cita fija con un dermatólogo y le he permitido comprarse un Mercedes. Confío en él porque es extremadamente competente en su habilidad, y quiere mejorar mi vida eliminando cosas que podrían amenazarla.

Entre citas, a menudo veo nuevas manchas en mi piel que parecen sospechosas. Pueden picar, doler o cambiar de color o forma, así que me preocupo. Si busco mis síntomas en el internet, comienzo a pensar en hacer testamento. Pero nueve de cada diez veces, mi dermatólogo las examina y dice: "No, esa no es un problema, pero necesito hacer una biopsia de *esta* otra". Y siempre es una mancha que yo ni siquiera había visto. Sus años de formación le permiten saber qué es un problema y qué no lo es con solo mirar.

Una vez le pregunté: "Puedes mirar una mancha e inmediatamente saber si es algo grave, ¿verdad?". Dijo que eso era generalmente cierto, pero aun así tenía hacer pruebas; sin embargo, en general, podía detectar un problema grave de inmediato.

"Entonces, si estás esperando que te asignen una mesa en un restaurante y ves a alguien cerca de ti que claramente tiene una mancha potencialmente mortal que necesita tratamiento, ¿qué haces?", le pregunté. "¿Dices algo? Parece un poco presuntuoso y grosero, pero su vida está en juego".

Su respuesta: "No es asunto mío porque no soy su médico, pero si veo que es un melanoma activo, podría llevarlo aparte, presentarme, y disculparme por la intromisión. Entonces simplemente le sugiero que, si no se lo ha revisado, probablemente debería ver a su médico lo antes posible".

Eso es todo. Mínima intromisión, pero usando su habilidad única para generar un impacto en la situación específica de alguien. No se trata de él; se trata de preocuparse lo suficiente como para servir a la otra persona y marcar la diferencia.

¿Por qué servir?

Servir a los demás parece una buena idea. Pero ¿vale la pena el esfuerzo? ¿Cuál es el beneficio?

Vivimos en un mundo que nos anima a centrarnos en nosotros mismos y en nuestro éxito personal. Basta con mirar todos los libros y artículos que nos dicen que debemos colocarnos como prioridad a nosotros mismos, porque eso es lo que todos los demás están haciendo. Si queremos felicidad y plenitud, debemos ir tras las oportunidades de éxito.

Es cierto que tener éxito y lograr grandes cosas nos da cierta sensación de plenitud; pero, a largo plazo, esa plenitud es efímera. El mensaje es: "Mira lo que he hecho por mí". Más adelante en la vida estaremos contemplando nuestros premios y trofeos solos, sin nadie con quien compartir nuestra alegría.

La alegría profunda llega cuando servimos a los demás. Una vida plena y con propósito es el resultado de invertir en las personas que nos rodean, más allá de nuestros logros personales. Por eso, servir a los demás en lugar de solo a nosotros mismos es un cambio de mentalidad. Cuando hacemos ese cambio, la alegría se multiplica: para nosotros y para las personas a las que servimos.

El servicio es la culminación de nuestro camino de desarrollo de habilidades. Necesitamos la confianza que viene de crecer en nuestras habilidades y dominar el arte de conectar con otros. Cuando entramos en una sala, lo ideal es tener la suficiente seguridad como para poder mirar más allá de nosotros mismos.

Con esa base, queremos marcar la diferencia. Ahí es donde entra la *competencia*. Saber qué hacer nos permite enfocarnos en los demás, usando nuestras habilidades únicas para satisfacer las necesidades de las personas. Combinar confianza y competencia es la manera saludable de construir conexiones genuinas con otros.

Si la idea de servir es nueva para ti, fíjate en los beneficios:

1. *Alcanzarás la plenitud a través de la conexión con otros.* Servir a los demás te permite experimentar relaciones interpersonales genuinas que incluyen un sentido de propósito compartido y comunidad. Cuando haces cosas importantes con otros, puedes

compartir la satisfacción y la plenitud que vienen con ello. Es como una hija que quiere que sus padres jueguen con ella para no tener que jugar sola; ambas partes se sienten mejor.

2. *Iniciarás una reacción en cadena de bondad*. Un solo acto de servicio puede desencadenar un efecto dominó. Cuando sirves y recibes los beneficios, los demás lo sienten y también quieren servir. Eso inicia un movimiento que tiende a crecer exponencialmente y puede transformar comunidades enteras. Es una manera sencilla de comenzar a cambiar el mundo con actos de compasión y empatía.
3. *Crecerás personalmente de maneras inesperadas*. El desarrollo personal ocurre de modo natural cuando sales de tu zona de confort para servir a los demás. Cuando interactúas con personas que son diferentes a ti y tienen desafíos únicos, comprendes mejor el mundo. Te ayuda a desarrollar resiliencia y empatía, y amplía tu perspectiva de la vida. En el proceso descubres más sobre tus fortalezas, de lo que eres capaz, y las cosas que te apasionan. Aprendes a "pensar fuera de la caja".
4. *Aclararás tu propósito*. No descubres tu propósito pensando en él. Lo encuentras cuando haces algo que es más grande que tú: servir a otros al ser mentor, hacer voluntariado, o estar con personas cuando te necesitan en sus vidas. Es un descubrimiento que ocurre al actuar.
5. *Crearás tu legado*. Es fácil quedarse atascado en la situación actual sin mirar hacia el futuro. Tus decisiones diarias dan forma a tu legado. Servir a los demás con tu tiempo y talento te da los ingredientes necesarios para causar un impacto duradero en el mundo. No proviene tanto de tus logros sino del impacto positivo que tienes en las personas que te rodean. Los edificios no aparecen

por arte de magia en una calle; se construyen paso a paso. Nuestras decisiones más pequeñas importan.

Por lo tanto sí, el servicio significa enfocarse en los demás. Pero, cuando lo haces, es como una oferta de "compra uno y llévate otro gratis", donde la otra persona se beneficia, pero tú también. ¡Es una oferta que vale la pena aprovechar!

CAPÍTULO 16

El reto del cambio

Para manejarte a ti mismo, usa la cabeza. Para manejar a los demás, usa el corazón.

Eleanor Roosevelt

Todo el mundo lee a su audiencia al entrar en una sala, pero puede que no se den cuenta de que lo están haciendo. Es subconsciente, y solo es un intento de encajar lo mejor posible con lo que está ocurriendo. No tienen la intención de cambiar o influir en lo que está pasando. Ni siquiera creen que eso sea una opción.

Hay muchas cosas en la vida que damos por sentadas, suponiendo que no van a cambiar. Cuando sí cambian, nuestro mundo se sacude porque contábamos con que siguieran igual. Es incómodo, y nos apresuramos a encontrar la manera de manejarlo.

Al vivir en el sur de California me he acostumbrado a los terremotos, pero no me gustan. A nadie le gustan. Contamos con que la tierra no se mueva, así que es inquietante cuando lo hace. No importa lo que estemos haciendo ni cuán importante sea; cuando el suelo comienza a temblar, dejamos todo para ver qué va a pasar. Un temblor pequeño capta nuestra atención. Uno más grande puede durar diez segundos pero parecer diez minutos. Anhelamos que las cosas regresen a la normalidad para poder seguir con nuestras vidas.

Siempre que entramos en una sala, suponemos que las cosas serán similares a la última vez que estuvimos allí. Si es un evento social, miramos alrededor para ver quién ha llegado, dónde está la mesa de comida, y cómo vamos a desenvolvernos según lo que vemos. Si es una reunión semanal de equipo, la gente entra de la misma manera cada semana, se sienta más o menos en los mismos lugares, y sigue las mismas rutinas. En una reunión familiar, no suelen cambiar muchas cosas. Las personas alegres probablemente siguen alegres, y las personas gruñonas probablemente siguen gruñonas (o incluso más gruñonas).

Entonces, ¿por qué ibas a considerar hacer un cambio en la sala en la que estás? *Para mejorarla de alguna manera.*

Ese ha sido el mensaje de este libro. Aprender a leer a tu audiencia de manera efectiva es una habilidad poderosa que vale la pena desarrollar porque te da confianza y seguridad. No tienes por qué sentirte incómodo todo el tiempo ni preguntarte cómo te estarán viendo los demás. Con habilidades básicas y práctica, cualquiera puede sentirse seguro en cualquier sala a la que entre (usando los cuatro pasos que aprendimos en la parte 1). Nunca te sientas obligado a fingir ser otra cosa que tú mismo, porque esa es la única forma en la que serás efectivo. "Ser tú mismo" se convierte en tu superpoder.

Ese conjunto de habilidades nos da a cada uno la capacidad de generar impacto de alguna manera en esa sala, sea grande o pequeña. Aprovechando nuestra nueva confianza, combinada con nuestras fortalezas y nuestro temperamento únicos, podemos mejorar las vidas de otros gracias a nuestra influencia. Puede ser una persona a la vez o varias personas; no importa.

Si simplemente observamos una sala, nos sentiremos confiados. Si nos detenemos ahí y no servimos a esa sala, habremos desperdiciado una oportunidad.

Piensa en el potencial que tenemos. Supongamos que asistimos a una reunión o evento social con la mentalidad de conectar y servir a alguien, descubrir cuáles son sus sueños o desafíos actuales, y darle unas palabras sinceras de aliento. Cuando esa persona se vaya, se sentirá más capacitada para manejar su situación que cuando llegó.

Nuestras palabras intencionales le hicieron más fuerte y mejor.

Gracias a eso, esa persona da los primeros pasos hacia su sueño. Tal vez eso le da justamente la valentía necesaria para tomar acción hacia la solución del desafío que enfrenta. Le hemos dado el impulso para ponerse en movimiento y superar la inercia. Con el tiempo, sigue avanzando y llega a un nuevo nivel con el que antes solo había soñado.

¿Siempre sucede de ese modo? No necesariamente, y muchas veces no llegamos a conocer los resultados del impacto que hemos tenido; pero sucede más veces de las que creemos. La gente necesita recibir ánimo y a menudo se siente estancada o sin esperanza. Unas pocas palabras sencillas pueden cambiar una vida, y con el efecto dominó podrán hacer lo mismo por otros.

Impacta a una persona de esa manera, y habrás cambiado a esa persona. Hazlo como estilo de vida, y podrías cambiar a cientos o miles… que podrían llegar a cambiar el mundo.

Por qué dudamos en el trabajo

"Muy bien, ya entendí", dices. "Suena bien, y puedo ver el valor de ayudar a los demás. Pero ¿y yo? ¿Qué pasa si nadie está satisfaciendo mis necesidades, y yo paso todo el tiempo satisfaciendo las de los demás? Parece como si yo fuera a salir perdiendo en este trato".

Es comprensible que enfocarse en servir a otros parezca un riesgo para tu éxito personal, en especial si esa ha sido tu experiencia durante mucho tiempo. Si la gente no ha invertido en ti, ¿por qué deberías invertir tú en ellos? ¿Dónde está la garantía de que ellos lo devolverán?

No hay ninguna. Pero aquí no estamos buscando garantías; el éxito en el mundo del liderazgo servicial no es un juego de suma cero. Estamos basándonos en la evidencia que demuestra que, cuando nos comprometemos a invertir en otros, eso regresará a nosotros de alguna manera, en algún momento. Como con cualquier inversión, no podemos generar beneficios hasta que pongamos el dinero.

Para que suceda, aceptamos el riesgo de ser los primeros.

El orador motivacional Zig Ziglar solía decir: "Puedes tener todo lo que quieras en la vida si ayudas a otras personas a obtener lo que ellas quieren".[1] Adoptar un enfoque de liderazgo servicial con las personas se convierte en tu camino hacia un éxito personal aún mayor.

Piensa en un entorno empresarial. Al enfocarte en las necesidades de los demás, desarrollas un equipo de personas motivadas y solidarias que trabajan juntas para lograr los objetivos del departamento. Si tú eres el líder, tu éxito se entrelaza con el del equipo. Cuando ellos tienen éxito, tú también. Trabajando juntos logran más que la simple suma de sus esfuerzos individuales. Todos se benefician, tú incluido.[2]

Servir a los demás construye relaciones más sólidas que se basan en la confianza, lo cual tiene un impacto en tus posibilidades de éxito personal. Cuando inviertes en los demás y crees en ellos, es más probable que te devuelvan ese apoyo. Eso genera un ambiente de equipo leal donde las personas se comprometen con el éxito de los demás.

Cuando tu patrón es servir a otros, la gente lo nota. Tu reputación crece, lo cual abre la puerta a nuevas oportunidades para tu propio crecimiento y promoción. Es una situación en la que todos ganan, en la que todos se benefician. Tú "fuiste primero", así que fuiste el catalizador que puso en marcha el proceso.

Lo único que necesitas para ser un líder servicial

Si quieres ser un líder servicial, hay una cosa que necesitas: *alguien que te siga.*

Puede que tengas una filosofía sólida de liderazgo de servicio, pero si nadie te está siguiendo, no eres un líder... todavía. Estás en el camino, pero necesitas dar el siguiente paso para invertir proactivamente en los demás.

¿Cómo haces que alguien te siga? Domina tus habilidades para leer a tu audiencia, y entonces usa esas habilidades para comenzar a crear conexiones. No tendrás que decir: "Oye, ¿te gustaría ser mi seguidor?". Crea una conexión, interésate por esa persona, escucha e indaga para conocerla, y luego encuentra maneras de animarla. No lo hagas para ganar un grupo de seguidores; solo haz que sea tu configuración predeterminada en tu práctica diaria, en cada situación. Puede parecer que no está sucediendo nada, pero estás influyendo en las personas una cada vez.

Los seguidores generalmente no se apuntan para estar en tu equipo, aunque algunas relaciones llegan a eso. Estás invirtiendo en personas de modo constante, y eso marca una diferencia en sus vidas. Para las personas es refrescante encontrarse con alguien que realmente se interesa, es honesto y vulnerable, y no tiene motivaciones ocultas. Como se supone que dijo Oprah Winfrey: "Mucha gente se subirá contigo a la limusina, pero lo importante es gente que tome el autobús contigo cuando la limusina tenga una avería".[3]

Sé esa persona para otros, y también recibirás el apoyo que necesitas.

Cómo medir tu liderazgo

Muchas veces las personas se enfocan en sus propias habilidades de liderazgo. Solo les preocupa lo bien que lo están haciendo como líderes. Para pasar al liderazgo servicial, ese enfoque debe cambiar a desarrollar el liderazgo de los demás. Enseña a otros cómo cualquiera puede liderar en su propio círculo de influencia. Tu liderazgo funciona si los demás se sienten capacitados para liderar a otros y servirlos de la misma manera.

Un modo de medir la efectividad de tu liderazgo en los negocios es ver cuántos líderes has creado. Cuando se hace correctamente, la gente no te verá y dirá: "Esa persona es el líder, yo no". Dirán: "Yo soy un líder en esta área, y esta es la diferencia que estoy marcando con mi influencia". Ese enfoque elimina la jerarquía del liderazgo en la que tú estás en la cima y todos los demás debajo. Estás formando líderes serviciales en lugar de contratarlos.

Funciona igualmente bien fuera de la oficina. En cualquier situación, tu meta es tener una mentalidad que debería girar alrededor de ayudar a las personas a ser un poco mejores de lo que eran antes de tu conversación. Tus palabras casuales pero intencionales son las que más los influencian:

- Cuando estás con tus hijos, sé un padre que los anime.
- Cuando estás con amigos, anímalos.
- Cuando estás en el trabajo, piensa en cómo darle a tu jefe la valentía que necesita en este momento, además de a tus colegas y subordinados directos.
- Cuando recojas tu café en la mañana, dale unas palabras amables al barista para alegrarle el día.

Es así de sencillo. Leer a tu audiencia te da confianza. Liderar la sala te permite ayudar a otros a través de tu influencia. Servir a la gente de la sala ayuda a que todos se sientan más humanos.

Cualquiera puede cambiar cualquier ambiente

Si yo no soy el líder formal o el anfitrión de una reunión o un evento, la agenda y los detalles podrían estar fuera de mi control. Si la reunión no comienza a tiempo o se alarga demasiado, puede ser frustrante si soy un participante, pero no puedo hacer que los líderes pongan todo en marcha solo por mí. Si la comida está quemada, no voy a entrar a la cocina a quejarme (a menos que yo esté a cargo del evento).

Como he pasado mi carrera leyendo a mi audiencia, sé que hay cosas en las que puedo influir y que las personas a cargo tal vez no hayan visto. Si la temperatura está demasiado alta o baja, o la iluminación dificulta ver bien la plataforma o tomar notas, hablo con las personas adecuadas para que lo solucionen. En la mayoría de los eventos estoy atento a cualquier problema y actúo para resolverlo.

Como participante, hay muchas cosas sobre las que no puedo hacer nada. Aquí tienes una lista representativa de cosas que *no* puedo controlar:

- Las personalidades de la gente que hay en el lugar.
- Las prioridades de la persona a cargo.
- Lo que otra persona siente o dice.
- Lo que los demás piensan y hacen.
- Los antecedentes de las demás personas en la sala y los filtros a través de los cuales interpretan la vida.
- Cómo se sienten los demás o cómo se llevan entre sí.
- Las decisiones que toman otras personas.

Aquí tienes una lista completa de las cosas que *sí* puedo controlar:

- A mí.

No puedo elegir todo lo que sucede, pero siempre puedo elegir cómo respondo a esas cosas. Puedo elegir mi actitud. Si permito que esas cosas me sobrepasen y arruinen mi día, me he convertido en una víctima. Si elijo aceptar las cosas que no puedo cambiar y adaptarme a ellas, recupero el control.

Puedo leer a mi audiencia y puedo influir en ciertas cosas del lugar, pero no en todo. Cuando elijo servir a la gente de un lugar, trazo una línea entre lo que puedo controlar y lo que no. Entonces hago todo lo que esté a mi alcance para marcar la diferencia en lo que pueda. En cuanto a todo lo que no puedo cambiar, decido soltarlo. Mi felicidad personal y mi cordura son el resultado de poner mi energía en aquello sobre lo que puedo ejercer influencia, no en lo que no puedo.

Eso es lo que hace falta para ser un líder: ser una persona que influye en su entorno. Alguien que es intencional en marcar una diferencia donde pueda y que no se enfoca en lo que no puede controlar.

En el proceso, está liderando a otros mediante su influencia y sirviendo a otros para que puedan hacer lo mismo.

Ese es el valor del liderazgo servicial, en cualquier entorno.

CAPÍTULO 17

Diez pasos descendentes para alcanzar la grandeza

Los líderes no crean más seguidores. Crean más líderes.

Tom Peters

La escalera hacia la grandeza es descendente, no ascendente.

Ese pensamiento va en contra de la intuición de la mayoría de nosotros, especialmente en el entorno laboral. Desde el momento en que conseguimos nuestro primer empleo como adolescentes, intentamos averiguar cómo ascender en la escalera del éxito. Adquirimos nuevas habilidades, probamos cosas nuevas y construimos relaciones, siempre esforzándonos por encontrar mejores oportunidades para añadir valor. Intentamos ganarnos la vida mientras buscamos ser reconocidos por nuestra contribución. Puede que nos asciendan a un puesto de dirección, donde somos responsables del desempeño de otras personas. Intentamos que hagan lo que necesitamos que hagan porque, si no tienen éxito, eso nos afectará negativamente a nosotros.

Años después, nos topamos con un libro como este que dice que el verdadero éxito (llamémoslo "grandeza") viene de hacer lo contrario. En lugar de servir primero a nuestras propias necesidades, priorizamos satisfacer las necesidades de los demás. El libro dice que, al hacerlo, nuestras propias necesidades serán cubiertas en el proceso.

Después de tantos años ascendiendo, es un gran cambio de mentalidad pensar en comenzar a bajar.

En los últimos capítulos hemos descubierto por qué querríamos hacer ese cambio. Ya sea en nuestro entorno laboral, con nuestra familia y amigos, en grupos de los que formamos parte o en un evento social, servir a los demás es la clave del éxito en las relaciones. Si nos ponemos a nosotros mismos primero, veremos a los demás como peones que nos ayudan a alcanzar nuestras metas. Si ponemos a los demás primero, cambiaremos la manera en que nos relacionamos con todos.

He estudiado varios libros y artículos acerca de lo que hace falta para servir genuinamente a los demás. Había tantos requisitos que la mayoría cerraría los libros y mejor se comería una bolsa de papas fritas. Tras reflexionar un poco, me di cuenta de que podía combinar esas sugerencias con mi propia experiencia de las últimas décadas y destilar diez cualidades de carácter que llamaré "las no negociables". Ninguna de ellas es difícil, y ninguna tiene más que ver con ciertos tipos de personalidad que con otros. La mayoría simplemente implica cambiar nuestra forma de pensar y adoptar una nueva mentalidad, y luego poner en práctica esa mentalidad en nuestras relaciones.

¿Quieres convertirte en un experto mundial en servir a los demás? Aquí es donde debes enfocar tu atención (sin un orden en particular).

1. Escucha profunda

En casi cualquier entorno la gente no está acostumbrada a que alguien la escuche con profundidad. Escuchar profundamente significa practicar estar sin distracciones durante cada conversación. Las personas deberían sentir que son las únicas en la sala, y tú haces que eso suceda al ser intencional en cada conversación. Haz preguntas y deja que respondan sin apresurarlos. Continúa con otra pregunta aclaratoria (o dos) acerca de lo que dijeron, lo cual solo podrás hacer si estuviste prestando atención.

Si te cuesta recordar detalles de las conversaciones, considera anotar las ideas clave. Antes de volver a ver a esa persona, revisa esas notas brevemente para tenerlas frescas en tu mente. Demuestra atención y respeto cuando puedes mencionar algo que hablaron unos días atrás, ya sea con otra pregunta o simplemente preguntando cómo va el tema.

Adquiere el hábito de llevar un pequeño cuaderno contigo o anotar cosas en tu teléfono. Cada vez que alguien diga algo que te llame la atención, di: "Espera, eso es muy bueno. Déjame anotarlo". Que alguien anote algo que la otra persona ha dicho refuerza el valor que esa persona aporta a la conversación. Si puedes, menciona sus ideas en una reunión de equipo cuando sea apropiado.

2. Humildad genuina

El cantante country Mac Davis cantaba: "Oh, Señor, es difícil ser humilde cuando uno es perfecto en todos los sentidos".[1] Esas palabras hacen alusión al peligro de la humildad; si crees que la tienes, probablemente no la tienes. Si comienzas a tenerla, fácilmente puedes sentirte orgulloso de ello, y entonces desaparece.

Humildad significa considerar las necesidades de otras personas por encima de las tuyas. Eso no quiere decir que tus necesidades no sean importantes; simplemente las priorizas de modo diferente. Se llaman "necesidades" porque las necesitas, pero no estás usando a otras personas como el principal medio para satisfacer tus propias necesidades. Si te concentras en ayudar a los demás a obtener lo que necesitan, a menudo ellos harán lo mismo contigo.

Cuando todos buscan cuidar de "el número uno" (yo), las relaciones interpersonales se construyen sobre el recibir. Todos intentamos que los demás nos cuiden. Cuando entra en juego la humildad, las relaciones con los demás se tratan de dar. Si todos se enfocaran en dar, todos verían satisfechas sus necesidades en un ambiente de cuidado y respeto mutuos.

¿Es eso realista? No del todo, ya que no puedes obligar a las personas a sentir de cierta manera. Pero si tú, como líder, demuestras esta humildad en tu propia vida, puede volverse contagiosa.

3. Curiosidad constante

La mayoría de las personas acepta las cosas tal como son sin cuestionarlas, ya sea a nivel personal o profesional. Si quieres servir a los demás, necesitarás un enfoque diferente: ser curioso. Si crees que ya lo conoces, indaga más, da igual lo que sea. Adquiere el hábito de hacer la pregunta que todo niño de cuatro años hace sobre todo: "¿Por qué?".

Interésate por las personas a las que quieres servir. Aprende sobre sus prioridades, intereses y necesidades, conectando con ellas lo suficiente como para conocerlas más allá de lo superficial. Tu objetivo no es decirles qué hacer, sino ayudarles a destacar en cada área. Estudia sus personalidades y estilos de comunicación para poder conectar con su lenguaje. No necesitas entrometerte en cada detalle de su vida ni convertirte en su mejor amigo, pero haz el esfuerzo de descubrir el cuadro general de quiénes son como personas. Podrás anticipar sus necesidades y aprovechar su genialidad única.

Cuando demuestras curiosidad, construyes tu reputación siendo alguien que se interesa. No puede ser artificial, porque las personas lo notarán. Cuando alguien dice algo, cuando lees algo o cuando alguien anuncia algo, acostúmbrate a preguntar: "¿Por qué?", "¿Qué más?" y "¿Y qué significa eso?". Al principio hace falta práctica, pero te permitirá convertirte en un líder atento al descubrir lo que más importa a quienes te rodean.

4. Gratitud auténtica

En un mundo de vasos medio vacíos, estamos acostumbrados a que la gente dé las cosas por sentadas. Si ganan la lotería, se quejan de los impuestos. Si reciben un ascenso en la oficina, solo piensan en la cantidad de trabajo extra. Si reciben un regalo, se decepcionan por el color o el tamaño.

La semana pasada sostuve la puerta para alguien, y no lo agradeció. Sé que no era obligatorio, pero fue raro y un poco grosero que ignorara mi gesto. Tal vez parece algo rutinario que alguien diga "gracias", pero lo notamos cuando no ocurre.

Unos días después, sostuve la puerta para otra persona. Al pasar, me miró directamente a los ojos y dijo: "Bueno, gracias. Eso fue muy amable". No me hizo sentirme orgulloso de mí mismo, pero sentí un impulso de ánimo al haber compartido un momento humano simple y genuino.

Tener un filtro de gratitud cambia el modo en que nos relacionamos con el mundo que nos rodea. Claro que hay mucho de qué quejarse, y esas cosas son reales. La gratitud no ignora lo negativo; simplemente lo equilibra con lo positivo. Nos ayuda a ver las cosas como realmente son, lo cual siempre incluye una mezcla de cosas buenas y malas.

También influye en nuestra capacidad de servir a los demás. Esos pequeños momentos humanos se acumulan y nos conectan de manera positiva, desarrollando confianza y aprecio. Es difícil que te caiga mal alguien que expresa un agradecimiento genuino incluso en situaciones difíciles.

5. Mentalidad de crecimiento intencional

Es fácil suponer que las personas son como son y así seguirán. Después de todo, si quisieran cambiar, ya lo habrían hecho. Y no solo pensamos eso sobre los demás, también sobre nosotros mismos.

Si queremos servir a los demás, debemos comenzar con nuestra propia mentalidad. Nuestros resultados son consecuencia de nuestras decisiones. Si queremos resultados nuevos, tenemos que tomar decisiones nuevas. Cuando reconocemos esa realidad en nosotros y en las personas a las que queremos servir, obtenemos un nuevo filtro que nos muestra el potencial de todos, incluso cuando ellos mismos no lo ven. Cada conversación que tenemos puede ser un empujoncito de ánimo para ayudar a alguien a creer en sí mismo y tomar nuevas decisiones en nuevas direcciones.

Ver la vida a través de una mentalidad enfocada en el potencial es fundamental para ayudar a las personas a crecer. Cuando no pueden creer en sí mismas, pueden apoyarse en lo que nosotros creemos de ellas hasta que consigan hacerlo por sí mismas. Nos convertimos en animadores en el mejor sentido de la palabra y creamos un ambiente en el que todos tienen la visión de ser mejores hoy que ayer.

El presidente John F. Kennedy dijo: "Una marea creciente levanta todos los barcos".[2] El contexto era que, si la economía mejoraba, todos se beneficiarían. De la misma manera, crear una mentalidad de crecimiento en cualquier grupo de personas impacta positivamente a todos.

6. Empatía abundante

La colaboradora senior de *Forbes*, la Dra. Tracy Brower, escribe: "La empatía es la habilidad de liderazgo más importante según la investigación".[3] Otro colaborador de *Forbes*, Alain Hunkins, da los detalles: "Los empleados que tienen líderes altamente empáticos reportan niveles más altos de creatividad (61 %) y compromiso (76 %) que aquellos con líderes menos empáticos (13 % y 32 %, respectivamente)".[4]

Es sencillo: *la empatía* (a través del servicio) significa interesarse por los demás de maneras que puedan sentir y aceptar. Hace que las personas se sientan vistas y escuchadas en las conversaciones, lo cual tiene muchos beneficios:

- La empatía te ayuda a entender las necesidades, preocupaciones y perspectivas de las personas, conectando con ellas de una manera que desarrolla confianza.
- Cuando las personas confían en su líder y saben que tiene en mente su bienestar, se vuelven más positivas y colaborativas al trabajar juntas.
- Al entender a las personas, puedes personalizar la manera en que las apoyas y las guías hacia su crecimiento personal y profesional.
- La comunicación con empatía tiene menos conflictos y menos malentendidos.
- Las personas trabajan mejor juntas cuando todas se sienten valoradas.
- La motivación es un subproducto natural de la empatía.

La empatía no se puede fingir. Si no la tienes de manera natural, vale la pena el esfuerzo de aprender a incluirla en tu caja de herramientas relacionales.

7. Visión clara

Cuando piensas en un siervo, piensas en alguien que cumple los deseos de otra persona. Eso no es así cuando practicas el liderazgo servicial con tu gente. No se trata de hacer lo que ellos quieran; tú proyectas la visión, ya sea propia o la de quienes están por encima de ti. Tu gente necesita empoderamiento para llevar a cabo esa visión.

El trabajo de ellos no es averiguar hacia dónde nos dirigimos; ese es tu trabajo. Tú mantienes la visión clara en mente y luego motivas al equipo para que todos lleguen allí. El enfoque tradicional es saber a dónde necesitas llegar y después decirle a la gente qué hacer para lograrlo. En el liderazgo servicial encuentras maneras de inspirarlos con la visión para que se sientan motivados a encontrar el mejor modo de alcanzar la meta. Una cita famosa dice: "Si quieres construir un barco, no reúnas a los hombres para recolectar madera, dividir el trabajo y dar órdenes. En su lugar, enséñales a anhelar el vasto e infinito mar".[5]

Ya sea en el trabajo o en un entorno personal, evita decirle a la gente lo que tiene que hacer para mejorar su vida; lo resentirán. Simplemente inspíralos con posibilidades que tal vez no hayan considerado.

8. Carácter competente

Será difícil servir a otras personas, especialmente a aquellas sobre las que tienes alguna responsabilidad, si no confían en ti. En otras palabras, el *carácter* es fundamental para el liderazgo servicial.

Al mismo tiempo, las personas necesitan creer que sabes lo que estás haciendo si van a seguirte y confiar en tu capacidad para llevarlas a donde tienen que ir. En otras palabras, la *competencia* también es fundamental para el liderazgo servicial.

Servir significa que quieres lo mejor para tu gente. Eso no puedes hacerlo si te falta carácter o competencia. Si eres muy hábil en lo que haces pero no tienes integridad personal, las personas pensarán que eres competente pero no estarán convencidas de que tienes en mente su bienestar. Si tienes el carácter más elevado pero tus habilidades no son las mejores, le caerás bien a las personas pero no confiarán en tu capacidad para llevarlas a donde tienen que ir.

Hemos definido el liderazgo como *influencia* en el contexto de este libro. Cuando tienes carácter y también competencia, tu influencia crecerá porque habrás ganado confianza. Cuando la confianza es alta, puedes servir a las personas y motivarlas a crecer, y ellas recibirán con agrado ese tipo de servicio.

9. Consistencia crónica

Todos basamos nuestras vidas en cosas en las que podemos confiar:

- Una silla que usamos todos los días nunca se ha roto, así que nos sentamos en ella sin preocupación.
- Nuestro auto arranca todas las mañanas, así que cuando no lo hace nos desconcierta.
- El tren llega todos los días a la hora, así que contamos con ello… hasta que llega tarde.

Desarrollamos confianza en las personas, cosas y circunstancias cuando son consistentes. Si un empleado llega puntual todos los días (o llama si pasa algo), nos preocupamos cuando llega una hora tarde. No nos enojamos, solo nos preocupamos. No es lo que esperábamos.

Cuando estás intentando servir a otros, ellos saben si pueden contar con que seas consistente. Si lo eres, se relajarán y confiarán en ti. Si no lo eres, nunca desarrollarán esa confianza porque no saben qué esperar.

¿Cómo se desarrolla la consistencia? Es bastante fácil, pero requiere intención:

- Cumple tus promesas. Haz lo que dijiste que harás.
- Si hay una razón legítima por la que no puedes cumplir con una expectativa, eso debería ser la excepción y no la regla. Los líderes consistentes siempre encuentran maneras de cumplir con sus compromisos. Cuando surge un problema, déjalo saber a las personas temprano y con honestidad. Si hay un accidente en la autopista y vas a llegar tarde, llama de inmediato e informa a alguien. Si esperas hasta llegar tarde para explicar tu situación, has sido inconstante y has dañado la confianza.
- Cuando no actúes con consistencia, pide disculpas sinceras sin excusas. Simplemente di: “Fue culpa mía, pude haber salido antes”.

10. Colaboración de diseño

Si quieres influir en las personas que te rodean y estar enfocado en sus necesidades y prioridades, hace falta algo más que solo construir relaciones de confianza con cada persona. Tienes que convertirte en un catalizador de esas relaciones de confianza entre todo el grupo. Lo estarás modelando a través de tus relaciones individuales, pero puede que a los demás no les salga de manera natural. Encuentra maneras creativas de ayudar a las personas a aprender a respetarse y valorarse entre sí para que el lugar de trabajo se convierta en un entorno seguro para todos. El objetivo es que las personas lleguen cada día al trabajo con entusiasmo porque están trabajando con personas en quienes confían para lograr cosas que importan.

Eso no significa que todos se convertirán en mejores amigos. Eso no se puede imponer. Significa que las personas aprenderán a colaborar con quienes piensan diferente a ellos y pueden tener ideas diferentes sobre cómo debe hacerse algo. Tú puedes ser la persona que modera esas dinámicas, celebra pública y constantemente las contribuciones que hace cada persona, y maneja los problemas rápidamente cuando surgen. Si no lo haces, el grupo supondrá que tienes favoritos porque tratas de manera distinta a diferentes personas.

Servir de un modo que motive a otros a hacer lo mismo: ese es un gran objetivo para un líder.

Tu plan sencillo para el éxito

Estos diez rasgos de carácter no son negociables, pero no tienes que tenerlos todos dominados para tener éxito. Considéralos como tu plan de crecimiento personal mientras aprendes a servir a otros. Tómalos uno a la vez, quizás dedicando una semana a enfocarte en cada uno. Lee la descripción de ese rasgo de carácter cada mañana durante esa semana, y luego conviértelo en un filtro para tu día. Incluso podrías programar una alarma en tu reloj o teléfono cada noventa minutos para hacer una revisión rápida. *¿Cómo me ha ido en esta área en los últimos noventa minutos? ¿Qué hice que funcionara y podría seguir haciendo? ¿Qué no funcionó y puedo hacer diferente de aquí en adelante?*

Después de diez semanas, repite el proceso. Cada ciclo te acercará más al tipo de líder que quieres ser: un líder que influye en otros desde una vida personal íntegra. En otras palabras, te estás convirtiendo en aquello que quieres que otros capten y comiencen a implementar en sus propias vidas.

Recuerda: no puedes fingirlo. Si lo haces las personas lo percibirán y no confiarán completamente en ti. No es un conjunto de pasos a seguir; es un cambio de mentalidad que lo cambia todo.

Estarás sirviendo a las personas por las razones correctas, y otras personas cambiarán gracias a tu influencia. ¡Estarás marcando la diferencia para la que fuiste creado!

CAPÍTULO 18

El momento del legado

¿Para qué vivimos, si no es para hacernos la vida menos difícil los unos a los otros?

George Eliot

Siempre me ha resultado difícil aceptar la idea de los libros de autoayuda.

Eso es un problema porque esa es la sección de la librería donde se encuentran todos mis libros. Esos libros han tenido éxito porque la gente enfrenta desafíos en la vida y necesita ayuda. Podrían acudir a un terapeuta para trabajar en esos problemas o a un *coach* de vida para encontrar nuevas estrategias. Podrían hablar con amigos para escuchar sus sugerencias. Pero muchas veces lo primero que piensan es: *Me pregunto si habrá un libro que me pueda ayudar*.

Así que buscan en el internet o van a una librería cercana a ver qué hay disponible. Buscan recomendaciones y reseñas, y luego reducen su búsqueda a algo que parezca adecuado. Afortunadamente, uno de mis libros suele ser el que eligen cuando necesitan ayuda con las relaciones interpersonales o la comunicación. Ven uno de mis títulos como *La gente no puede volverte loco si no les das las llaves* o *Cómo comunicarte con confianza* y piensan: *Eso es lo que necesito.*

Estos lectores están intentando "ayudarse a sí mismos" antes de pedir ayuda a otros, como el dueño de una casa que tiene una fuga en el grifo y agarra una llave inglesa para arreglarlo. Parece más rápido y fácil que otras opciones, así que sienten que un libro así es un buen lugar para comenzar. He leído cientos de libros de autoayuda por esa misma razón, y normalmente me dan algunas buenas ideas que vale la pena considerar y tratar de implementar.

Eso está bien, pero no se compara con involucrar a otras personas. Es como un niño pequeño que quiere ser autosuficiente, diciendo "yo puedo hacerlo solito". Tal vez pueda, pero no es una gran estrategia para vivir una vida plena.

Si paso toda mi vida ayudándome a mí mismo, llego al final de mi vida solo. Invertí en mí, pero nadie está prestando mucha atención. No marqué la diferencia en la vida de nadie.

Marcar esa diferencia es lo que llamamos *legado*. Son las huellas que dejamos en otras personas cuando ya no estamos. Son las personas que son diferentes porque se relacionaron con nosotros.

Comienza con torpeza, pero comienza

El autor y conferencista Jon Acuff dice: "Sé lo suficientemente valiente como para ser malo en algo nuevo".[1] El sentido común nos dice que, la primera vez que hacemos algo, no se nos dará increíblemente bien. De alguna manera, tenemos este deseo de ser perfectos desde el principio, así que establecemos un estándar imposible. Cuando algo se nos da mal, nos desanimamos y nos rendimos.

Si aún no has aprendido a leer a tu audiencia de manera efectiva, no estás solo. Todos sabemos cómo se siente. Para algunos, es por falta de confianza. Para otros, es por falta de impacto. En cualquier caso, no vas a leer estos primeros capítulos y de repente tomar el control de cada sala a la que entres. Al principio te sentirás torpe, y es probable que pienses: *Nunca voy a dominar esto.*

No pasa nada. De hecho, debes esperar sentirte así. Solo recuerda que, aunque el comienzo se sienta torpe, cada nuevo intento de practicar tus habilidades te hace mejorar un poco más. Los comienzos torpes son el lugar del que partieron las personas más influyentes del mundo, pero ellas siguieron creciendo.

Eso fue lo que le sucedió al capitán de United Airlines, Alfred C. Haynes. En 1989 el motor de cola del avión DC-10 que pilotaba explotó, cortando todos los sistemas hidráulicos del avión que controlaban el vuelo. En otras palabras, todos los controles se volvieron inútiles y no había modo de pilotar el avión. Lo único que podía hacer era aumentar o disminuir la velocidad de los motores derecho e izquierdo en un intento de evitar que el avión girara sin control. No había manera de controlar nada más en el vuelo. Era una situación imposible.

Para resumir: el capitán Haynes logró acercarse a una pista en Sioux City, Iowa, donde el avión aterrizó de emergencia y se incendió. Pero, con cincuenta y siete años y con treinta mil horas de experiencia de vuelo, logró aterrizar el avión averiado de una manera que salvó a 184 personas de las 296 que había a bordo. Aun así fue una pérdida trágica, pero sus años de experiencia le permitieron evitar un desastre total.

Los reportes oficiales del accidente mostraron que la razón principal de la tasa de supervivencia fue la larga experiencia del capitán Haynes en el aire. Había perfeccionado sus habilidades hasta el punto de que no solo pilotaba el avión; percibía todo lo que estaba ocurriendo con base en su intuición y respondía instintivamente. No estaba usando solo su conocimiento del vuelo, sino que también sus reacciones específicas eran automáticas como resultado de sus muchos años en la cabina.[2]

El capitán Haynes sin duda fue un piloto torpe la primera vez que subió a una avioneta con un instructor de vuelo. Todos son pilotos torpes en su primer vuelo. Pero aprendió y practicó una cosa a la vez, sin darse cuenta de hasta dónde llegaría después de esos comienzos torpes. Con el tiempo, su habilidad salvaría muchas vidas.

Leer a tu audiencia puede no parecer tan importante como salvar vidas; pero cuanto más lo hagas, mejor se te dará y mayor será la diferencia que marcarás. Es una habilidad que usarás el resto de tu vida y te dará confianza en cada situación.

Comienza por el final

¿Quién llorará en tu funeral? No recuerdo dónde ni cuándo escuché esa pregunta por primera vez, pero llamó mi atención. Al final de mi vida, ¿quién estará triste porque ya no estoy? O lo que es mejor, ¿quiénes pensarán en mí con gratitud porque me importaron y los ayudé a convertirse en quienes son hoy?

Se dice que en tu funeral la gente no recordará todas las cosas que lograste ni los premios que ganaste. Recordarán cómo los hiciste sentir.

¡Qué gran ejercicio! Stephen R. Covey llama a este principio "Comienza con la mente en el final".[3] Es fácil quedar atrapado en la rutina y las exigencias de cada día, pero ¿a dónde te está llevando eso? Tómate un momento para pensar en las personas con las que te has relacionado e imagina que asisten a tu servicio conmemorativo. ¿Cómo se sentirá cada una de ellas al pensar en ti?

Si no te gusta la respuesta, ¿qué tienes que cambiar? ¿Qué puedes hacer diferente para impactar a otros de manera que sean transformados para siempre?

Ese ha sido el enfoque de este libro, aunque posiblemente no te lo esperabas. Lo elegiste porque querías aprender las habilidades para entrar en diferentes lugares y situaciones sintiéndote más cómodo. Necesitabas la confianza y la seguridad que tiene el personal de emergencias cuando llega a cualquier lugar, y querías saber qué hacer en cada situación.

Lo lograste. Las habilidades eran sorprendentemente simples y solo necesitabas adaptarlas a tu personalidad. No tienes que fingir ser alguien que no eres; puedes ser tú mismo, y eso es lo que hace que funcione. La gente se siente cómoda contigo e incluso te toma cariño. Pero, como dice Covey: "Las personas pasan toda su vida subiendo la escalera del éxito, pero cuando llegan a la cima se dan cuenta de que la escalera está apoyada en la pared equivocada".[4]

Puedes convertirte en un experto en leer a tu audiencia, pero eso por sí solo no cambiará el mundo. Como has aprendido, también necesitas un sentido de misión y de propósito. Has explorado cómo tomar tu nueva confianza e influenciar a las personas que conoces para hacerlas mejores. Luego ampliaste tu mentalidad hacia una de servicio constante e intencional. Aprendiste a ser tú mismo mientras cambias la vida de los demás.

Si cambias la vida de alguien, ¿podemos suponer que tal vez esa persona esté agradecida al final de la tuya?

Necesitamos algo más que libros de autoayuda. Necesitamos libros de "ayuda a otros". Necesitamos una mentalidad de dejar huella en el mundo, una persona a la vez.

CONCLUSIÓN

Dan Miller, autor de *48 Días hacia el trabajo que ama*, fue un mentor personal para miles de personas a través de sus escritos, *podcast*, *coaching*, y su programa de *mastermind*. Incontables personas han logrado escapar de una vida mediocre y convertirse en quienes fueron diseñadas para ser gracias a su influencia.

Solo estuve con él una vez, y hablamos durante unos treinta minutos en el almuerzo. Su actitud sincera y positiva ante la vida era contagiosa, y me sentí mejor conmigo mismo después de pasar tiempo con él. Fue un privilegio tener una muestra de lo que tantos otros disfrutaron durante años.

En 2023 le diagnosticaron cáncer de páncreas y falleció después de solo cuarenta y ocho días. En un video que grabó aproximadamente a mitad de ese proceso, habló sobre su legado. No buscaba un monumento con su nombre grabado ni un edificio con su nombre. Esto fue lo que dijo:

> Mi legado está en ustedes, las personas con las que he tenido el privilegio de interactuar durante todos estos años... compartiendo los principios que aprendí de los grandes maestros del logro, principios que sé que ahora ustedes tienen dentro de sí y que pueden transmitir y compartir con personas

sobre las que tienen influencia. Ese es mi legado... Ahora sé tú quien anime a alguien que lo necesita.[1]

La buena noticia es que nunca es demasiado tarde para comenzar el camino de influenciar a otros. Si hoy tienes una conversación que le alegra el día a otra persona, has dado un paso en esa dirección. Conviértete en un experto en leer a tu audiencia. Luego aprende a liderar en esas salas con tu dominio de la influencia. Con el tiempo, estarás viviendo una vida de servicio que se expandirá más de lo que puedes imaginar.

Booker T. Washington dijo: "Los más felices son los que más hacen por los demás".[2]

Cualquiera puede hacer eso. *Tú* puedes hacer eso.

Esta es tu oportunidad; ¡ve y marca la diferencia!

RECONOCIMIENTOS

Esta mañana volví a leer las páginas de reconocimientos de mis nueve libros anteriores. Quería asegurarme de no ser repetitivo en las personas a las que agradecía y lo que decía.

Fue un ejercicio inútil, ya que aparecen los mismos nombres en todos los libros. Siempre hay algunos nombres nuevos, pero la mayoría son personas que simplemente han estado en mi vida por mucho, mucho tiempo. No se sientan en la habitación conmigo cuando escribo; eso es algo que hago en solitario, pero son quienes han creído en mí o me han moldeado, apoyado, desafiado, o han hecho todas esas cosas a lo largo de los años. Lo que escribo surge de quien soy. Quien soy surge de las conexiones que he tenido con personas durante décadas. Mis palabras existen gracias a quienes caminan conmigo en este viaje.

Los miembros de la familia siempre están en la parte superior de la lista. Mi esposa, Diane, es la persona más influyente en mi vida. Cree en mí, me anima y evita que mi síndrome del impostor se descontrole cuando las páginas se quedan en blanco por demasiado tiempo. Mis hijos, Tim y Sara, se sientan conmigo a tomar café y conversar sobre cómo se supone que debe funcionar la vida. Sus cónyuges están comprometidos con las personas que más amo, y los amo por eso. Mis seis nietos hacen las preguntas que se supone que nadie debe hacer, lo cual me mantiene honesto, me desafía, y me ayuda a tener los pies en la tierra. Ellos son la razón por la que pienso como pienso (y me dan muchas historias para escribir).

Luego están los profesionales que me acompañan para asegurarse de que mi escritura esté bien. Rachel McRae ha sido mi editora durante un par de años, y lleva las riendas de todo el proyecto. Sabe cómo manejar caballos salvajes. Vicki Crumpton ha sido mi socia editorial desde el principio y me ha enseñado a redactar las palabras de manera coherente para que no te aburras. Ellas dos forman el equipo de mis sueños que mantiene mis dedos en el teclado.

Mi editorial, Revell, es donde todo sucede. El equipo ha pasado de ser contactos profesionales a compañeros y luego amigos, y son increíblemente inteligentes y sumamente competentes. Saben cómo hacer que mi trabajo luzca bien y ponerlo donde puedas verlo. Hacen maravillas.

Los amigos que me han moldeado son los que conozco desde hace más tiempo. Si intentara hacer una lista, olvidaría a algunos importantes. Si eres uno de ellos, sabes quién eres, y conoces la influencia que has tenido simplemente por vivir la vida conmigo. Si crees que estás en esta lista, lo estás. Solo quiero que sepas cuánto te valoro y te agradezco.

Nunca me di cuenta del impacto que los lectores como tú podían tener hasta que comenzaron a contactarme con sus opiniones. Considérate reconocido también. Has dejado tus huellas en este libro de maneras que ni siquiera sabes. Todos ustedes han influenciado en mi manera de pensar, y eso se ha convertido en ideas y palabras que ahora existen en este libro. Sus palabras de aliento no tienen precio y, por lo general, llegan cuando estoy considerando cambiar de carrera para ser plomero. ¡Estoy agradecido por todos ustedes!

Saber que te has visto afectado por palabras que escribí a solas en una cafetería me motiva a escribir más palabras. Estoy agradecido por tener siquiera la oportunidad de haber emprendido este viaje contigo.

Dios es mi vida. Sácalo de la ecuación, y todo se desmorona. Escribo porque Él me dio el deseo, el impulso, la habilidad y la oportunidad. Me encanta todo lo relacionado con escribir porque Él lo puso en mi camino y en mi corazón. Él es el regalo por el que estoy más agradecido.

NOTAS

Capítulo 2 Domina tu mentalidad

1. Carol S. Dweck, *Mindset: The New Psychology of Success* (Nueva York: Ballantine Books, 2016), pp. 6-7.

2. Steven R. Covey, *Los 7 hábitos de la gente altamente efectiva* (Nueva York: Simon & Schuster, 1989), p. 94.

Capítulo 3 Domina el proceso

1. BetterHelp Editorial Team, "The Advantages of Attractiveness and How It Impacts Success", BetterHelp, consultado en línea 17 de abril de 2024, https://www.better help.com/advice/general/the-good-the-bad-the-ugly-why-attractive-people-are-successful/.

2. Saul Mcleod, "Maslow's Hierarchy of Needs", Simply Psychology, 24 de enero de 2024, https://www.simplypsychology.org/maslow.html#What-is-Maslows-Hierarchy-of-Needs.

Capítulo 4 Domina tus percepciones

1. "Heritage", Zenith Electronics, consultado en línea 17 de abril de 2024, https://zenith.com/heritage.

Parte 2 Cómo leer a tu audiencia (para tener confianza)

1. "Vince Lombardi: 'Practice Does Not Make Perfect. Only Perfect Practice Makes Perfect'", The Socratic Method, consultado en línea 17 de abril de 2024, https://www.socratic-method.com/quote-meanings/vince-lombardi-practice-does-not-make-perfect-only-perfect-practice-makes-perfect.

Capítulo 6 Observa el entorno, parte 2

1. Nick Morgan, "Debunking the Debunkers—the Mehrabian Myth Explained (Correctly)", *Public Words* (blog), 23 de julio de 2009, https://publicwords.com/2009/07/23/debunking-the-debunkers-the-mehrabian-myth-explained-correctly/.

2. Gerard I. Nierenberg, *How to Read a Person Like a Book* (Garden City Park, NY: Square One Publishers, 2010), p. 8.

3. Nierenberg, *How to Read a Person Like a Book*, p. 8.

4. Mark Twain, "Truth Quotes", Twain Quotes, consultado en línea 17 de abril de 2024, http://www.twainquotes.com/Truth.html.

5. Geoff Beattie, "Body Language Books Get It Wrong: The Truth about Reading Nonverbal Cues", The Conversation, 28 de marzo de 2023, https://thecon versation.com/body-language-books-get-it-wrong-the-truth-about-reading-nonverbal-cues-201418.

6. Helene Kreysa, Luise Kessler, y Stefan R. Schweinberger, "Direct Speaker Gaze Promotes Trust in Truth-Ambiguous Statements", *PLoS One* 11, no. 9 (19 de septiembre de 2016), https://doi.org/10.1371/journal.pone .0162291.

Capítulo 7 Interactúa con la gente, parte 1

1. Gillian M. Sandstrom, Erica J. Boothby, y Gus Cooney, "Talking to Strangers: A Week-Long Intervention Reduces Psychological Barriers to Social Connection", *Journal of Experimental Social Psychology* 102 (septiembre 2022), https://doi.org/10.1016/j.jesp.2022.104356.

Capítulo 8 Interactúa con la gente, parte 2

1. Oxford Learner's Dictionaries, s.v. "small talk", consultado en línea 17 de abril de 2024, https://www.oxfordlearnersdictionaries.com/definition/english/small-talk.

2. Adam Jaworski, "Silence and Small Talk", en *Small Talk*, editado por Justine Coupland (Londres: Pearson Education, 2000), pp. 110-31.

3. Alison Wood Brooks and Leslie K. John, "The Surprising Power of Questions", *Harvard Business Review*, mayo-junio 2018, https://hbr.org/2018 /05/the-surprising-power-of-questions.

4. Dale Carnegie, *How to Win Friends and Influence People* (Nueva York: Pocket Books, 1936), p. 93.

Capítulo 9 Planea tu enfoque

1. "Zig Ziglar Quotes", Brainy Quote, consultado en línea 17 de abril de 2024, https:// www.brainyquote.com/quotes/zig_ziglar_617761.

2. AJ, "148 Quotes by Earl Nightingale," Elevate Society, consultado en línea 17 de abril de 2024, https://elevatesociety.com/quotes-by-earl-nightingale/.

Capítulo 10 Ejecuta tu estrategia

1. Taegan Goddard, "Work the Room", Political Dictionary, consultado en línea 11 de abril de 2024, https://politicaldictionary.com/words/work-the-room/.

Capítulo 11 Liderar a tu audiencia

1. Nils Parker, "The Angel in the Marble", Medium, 9 de julio de 2013, https:// nilsaparker.medium.com/the-angel-in-the-marble-f7aa43f333dc.

2. Brené Brown, "Dare to Lead Hub", Brené Brown, consultado en línea 17 de abril de 2024, https://brenebrown.com/hubs/dare-to-lead/.

3. The John Maxwell Company, "7 Factors That Influence Influence", *John C. Maxwell* (blog), 8 de julio de 2013, https://www.johnmaxwell.com/blog /7-factors-that-influence-influence/.

Capítulo 13 Liderar con influencia desde el frente de la sala

1. "Seinfeld-Public-Speaking", video de YouTube, 0:27, subido por ExplainIt-Studios, 26 de enero de 2014, https://www.youtube.com/watch?v=yQ6giVKp9ec.

2. Andrew Bryant, "How to Read the Room on Zoom", *Self Leadership* (blog), 16 de enero de 2022, https://www.selfleadership.com/blog/how-to-read-the-room-on-zoom.

3. "John Maxwell on Story", *Author Coaching* (blog), consultado en línea 17 de abril de 2024, https://www.authorcoaching.com/blog/john-maxwell-on-story.

Capítulo 14 Liderar con influencia por medio de la comunicación escrita

1. Wikipedia, s.v. "dark dining", consultado en línea 16 de abril de 2024, https://en.wiki pedia.org/wiki/Dark_dining.

2. Grammerly Business, "The Unofficial 4-Day Workweek: How Ineffective Communication Is Costing Your Business", *Grammerly* (blog), 24 de enero de 2022, https://www.grammarly.com/business/learn/state-of-business-communication-research/.

3. Mark Moran, "Business Writing: Know the Big Words but Use the Small Ones", LinkedIn, 9 de marzo de 2021, https://www.linkedin.com/pulse/know-big-words-use-small-ones-mark-moran/.

4. Alexandra Samuel, "Using Social Media without Jeopardizing Your Career", *Harvard Business Review*, 20 de julio de 2015, https://hbr.org/2015/07 /using-social-media-without-jeopardizing-your-career.

Parte 4 Cómo servir a tu audiencia (para tener impacto)

1. Paul Asay, "The Servant's Heart of the Minions", *Watching God* (blog), 9 de diciembre de 2015, https://www.patheos.com/blogs/watchinggod/2015/12/the-servants-heart-of-the-minions/.

Capítulo 15 La visión que cambiará tu vida para servir a tu audiencia

1. "Andy Rooney Quotes", Quote Fancy, consultado en línea 16 de abril de 2024, https:// quotefancy.com/quote/1391189/Andy-Rooney-We-re-all-torn-between-the-desire-for-privacy-and-the-fear-of-lonliness-We.

2. Covey, *Los 7 hábitos de la gente altamente efectiva*, pp. 48-53.

3. "Simon Says: A Collection of Quotes from Simon Sinek", Simon Sinek, consultado en línea 16 de abril de 2024, https://simonsinek.com/quotes/.

Capítulo 16 El reto del cambio

1. Kevin Kruse, "Zig Ziglar: 10 Quotes That Can Change Your Life", *Forbes*, 28 de noviembre de 2012, https://www.forbes.com/sites/kevinkruse/2012 /11/28/zig-ziglar-10-quotes-that-can-change-your-life/.

2. Editor, "Why Investing in People Should Be a Top Priority for Businesses", *The Yale Ledger*, 1 de junio de 2023, https://campuspress.yale.edu/ledger/why-investing-in-people-should-be-a-top-priority-for-businesses/.

3. Citado en Tal Gur, ed., "Lots of People Want to Ride with You in the Limo, but What You Want Is Someone Who Will Take the Bus with You When the Limo Breaks Down", Elevate Society, consultado en línea 16 de abril de 2024, https://elevatesociety.com/lots-of-people-want-to/.

Capítulo 17 Diez pasos descendentes para alcanzar la grandeza

1. Mac Davis, "It's Hard to Be Humble", *It's Hard to Be Humble* (Casablanca, 1980), LP.

2. John F. Kennedy, "Remarks in Heber Springs, Arkansas, at the Dedication of the Greers Ferry Dam, October 03, 1963", The American Presidency Project, consultado en línea 17 de abril de 2024, https://www.presidency.ucsb.edu/node /236260.

3. Tracy Brower, "Empathy Is the Most Important Leadership Skill According to Research", *Forbes*, 19 de septiembre de 2021, https://www.forbes.com /sites/tracybrower/2021/09/19/empathy-is-the-most-important-leadership-skill-according-to-research/.

4. Alain Hunkins, "Why Leading with Empathy Is More Important Than Ever", *Forbes*, 18 de abril de 2023, https://www.forbes.com/sites/alainhunkins /2023/04/18/why-leading-with-empathy-is-more-important-than-ever/.

5. Citado en Richard Bolden, "A Yearning for the Vast and Endless Sea: From Competence to Purpose in Leadership Development", trabajo presentado en Air Force Leadership–Changing Culture? Conference, RAF Museum, Londres, 18-19 de julio de 2007 (Exeter University), consultado en línea 1 de febrero de 2023, https://business-school.exeter.ac.uk/documents/discussion_papers/cls/372.pdf.

Capítulo 17 Diez pasos descendentes para alcanzar la grandeza

1. Jon Acuff, "Be Brave Enough to Be Bad at Something New", Jon Acuff, 3 de agosto de 2020, https://jonacuff.com/16081/.

2. Wikipedia, s.v. "United Airlines Flight 232", consultado en línea 17 de abril de 2024, https://en.wikipedia.org/wiki/United_Airlines_Flight_232.

3. Covey, *Los 7 hábitos de la gente altamente efectiva*, pp. 109-66.

4. Covey, *Los 7 hábitos de la gente altamente efectiva*, p. 112.

Conclusión

1. "A Special Message from Dan Miller", video de YouTube, 4:03, subido por Dan Miller, 29 de diciembre de 2023, https://youtu.be/7B_2ECWgSS0.

2. Booker T. Washington, "Those Who Are Happiest Are Those Who Do the Most for Others", Pass It On, consultado en línea 17 de abril de 2024, https://www.passiton.com/inspirational-quotes/7630-those-who-are-happiest-are-those-who-do-the.

ACERCA DEL AUTOR

El DR. MIKE BECHTLE (EdD, Universidad Estatal de Arizona) es el autor de diez libros, entre los que se incluyen *People Can't Drive You Crazy If You Don't Give Them the Keys*, *Dealing with the Elephant in the Room*, *It's Better to Bite Your Tongue Than Eat Your Words*, y *The Introvert's Guide to Success in the Workplace*. Mike es un conferencista frecuente, vive actualmente en California.

CONECTA CON MIKE:
WWW.MIKEBECHTLE.COM
@MikeBechtle